经济管理学术文库·管理类

企业组织资本管理
——基于价值创造的视角

Management of Organizational Capital:
Based on Value-Creation

刘　超／著

图书在版编目（CIP）数据

企业组织资本管理/刘超著. —北京：经济管理出版社，2012.4
ISBN 978-7-5096-1859-2

Ⅰ.①企… Ⅱ.①刘… Ⅲ.①企业管理—组织管理学—研究 Ⅳ.①F272.9

中国版本图书馆 CIP 数据核字（2012）第 070438 号

出版发行：经济管理出版社
北京市海淀区北蜂窝 8 号中雅大厦 11 层
电话：(010)51915602　　邮编：100038
印刷：三河市海波印务有限公司　　经销：新华书店
组稿编辑：王光艳　　责任编辑：王光艳　郭春燕
责任印制：杨国强　　责任校对：李玉敏

720mm×1000mm/16　　12.75 印张　201 千字
2012 年 5 月第 1 版　　2012 年 5 月第 1 次印刷
定价：38.00 元
书号：ISBN 978-7-5096-1859-2

·版权所有　翻印必究·

凡购本社图书，如有印装错误，由本社读者服务部负责调换。联系地址：北京阜外月坛北小街 2 号
电话：(010)68022974　　邮编：100836

前 言

随着知识经济和经济全球化浪潮的兴起，我国企业面临更加激烈的国际、国内竞争。而组织资本日益成为企业获取竞争优势的重要源泉之一，关系着企业的生存与发展。因此，我国企业能否通过有效管理组织资本来提高企业价值，是企业在知识经济大潮和激烈的国际竞争环境中能否获得竞争优势的关键。但是对组织资本的研究毕竟是一个新课题，远未形成一套完整的组织资本理论体系。目前对组织资本的研究多数集中在组织资本的解释、评估及其与人力资源开发的关系上，对于组织资本如何为企业创造价值、如何提高组织资本的价值创造能力这一更关键的问题研究尚少。鉴于此，本书在国内外现有的组织资本理论研究的基础上，提出系统的组织资本管理方法，为我国企业充分发挥组织资本的巨大作用提供可行的理论依据。

本书在系统分析组织资本价值创造机理的基础上，将组织资本创造企业价值的过程分为存量积累和使用两个阶段，企业在每个阶段的运行效果分别决定了组织资本的价值创造潜力和价值提取能力。与之相对应，本书从两个阶段对组织资本进行管理。

第一阶段是组织资本价值创造潜力的管理，目的是提高组织资本的存量积累。本书第 3 章借助 Bass 模型揭示了基于知识学习与组织创新的组织资本增长过程。知识学习是组织资本增长的根本途径，而组织创新引导知识学习变化的方向与范围，两者相互影响并共同推动企业组织资本增长。本书第 4 章和第 5 章分别探讨了如何通过知识学习与组织创新提升组织资本的价值创造潜力。

第二阶段是组织资本价值提取能力的管理，目的是提高组织资本的使用

企业组织资本管理——基于价值创造的视角

效率。本书认为企业与外界动态适应的过程，实际上是在寻求企业组织资本与产业价值链中的机会的有效匹配，也就是一个动态匹配的过程。本书第6章从战略管理角度探讨了如何构建适应环境变化的组织资本价值提取机制，提出了基于柔性管理和多元化战略的组织资本价值提取能力的提升方法。

本书第7章根据组织资本的价值创造机理，构建了组织资本价值创造能力的评价指标体系，并通过AHP方法确定了各评价指标的权重。旨在使企业掌握组织资本价值创造能力的信息，及时发现问题，对组织资本的价值创造过程中的薄弱环节加强管理，从而使组织资本能够不断创造企业价值。并且以大连市32家软件企业为样本对组织资本价值创造能力评价模型进行了实际应用。

目 录

第1章 绪论 … 1

1.1 研究的背景和意义 … 1
1.1.1 研究背景 … 1
1.1.2 研究意义 … 3

1.2 企业组织资本的内涵 … 4
1.2.1 组织资本的概念界定 … 4
1.2.2 组织资本的构成要素 … 10
1.2.3 组织资本的特性 … 12

1.3 组织资本与企业资源、知识的关系 … 13
1.3.1 资源的概念及其与组织资本的关系 … 14
1.3.2 知识的概念及其与组织资本的关系 … 16

1.4 组织资本对企业价值的影响 … 18
1.4.1 组织资本对企业价值的直接作用 … 18
1.4.2 组织资本对企业价值的间接作用 … 22

1.5 研究内容和结构 … 24
1.5.1 研究思路与目标 … 24
1.5.2 本书的结构 … 25
1.5.3 本书的主要创新点 … 26

第2章 组织资本的价值创造机理 … 29

2.1 企业价值的理论剖析 … 29

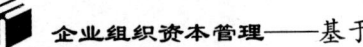

  2.1.1 企业价值的内涵 …………………………………… 30
  2.1.2 企业价值的特征 …………………………………… 32
  2.1.3 企业价值研究的核心问题 ………………………… 34
 2.2 组织资本与企业价值的关系 ……………………………… 36
  2.2.1 企业价值的驱动因素 ……………………………… 36
  2.2.2 企业竞争优势的源泉 ……………………………… 40
 2.3 组织资本价值创造能力评价 ……………………………… 43
  2.3.1 组织资本的价值创造途径 ………………………… 43
  2.3.2 组织资本价值创造能力模型 ……………………… 46
 2.4 组织资本价值创造能力的决定因素 ……………………… 48
  2.4.1 组织资本价值创造潜力的决定因素 ……………… 48
  2.4.2 组织资本价值提取能力的决定因素 ……………… 52

第3章 组织资本价值创造潜力提升途径 …………………………… 55

 3.1 企业组织资本增长模型 …………………………………… 55
  3.1.1 企业知识系统演化 ………………………………… 55
  3.1.2 企业组织资本增长模型的构建 …………………… 57
 3.2 组织资本增长中知识学习与组织创新的互动 …………… 59
 3.3 企业价值视角下组织资本最优增长路径 ………………… 61
  3.3.1 企业价值模型 ……………………………………… 62
  3.3.2 企业价值模型的动态分析 ………………………… 65

第4章 知识学习与组织资本价值创造潜力提升 …………………… 69

 4.1 知识学习与组织资本增长 ………………………………… 69
  4.1.1 知识学习和组织资本的协同进化 ………………… 69
  4.1.2 组织资本增长中的知识学习过程 ………………… 71
 4.2 基于知识学习的组织资本增长模型 ……………………… 74
  4.2.1 Crossan 知识学习模型的改进 …………………… 74

	4.2.2 组织资本增长模型	78
4.3	基于知识学习的组织资本增长管理方法	81
	4.3.1 知识学习的理想状态	81
	4.3.2 知识学习的提升途径	83

第5章 组织创新与组织资本价值创造潜力提升 87

5.1	组织创新与知识学习的关系	88
	5.1.1 组织创新与知识学习过程的趋同性	88
	5.1.2 组织创新提高知识学习效率	90
5.2	组织创新对组织资本增长的作用机制	91
	5.2.1 组织战略——组织资本增长的指引力	91
	5.2.2 组织结构——组织资本增长的支持力	93
	5.2.3 组织文化——组织资本增长的凝聚力	94
5.3	基于组织创新的组织资本增长管理建模	96
5.4	组织资本增长导向的组织创新整合管理	99
	5.4.1 组织创新整合管理的基本原则	99
	5.4.2 企业组织创新整合管理模型	101
	5.4.3 企业组织创新整合管理方法	102

第6章 战略管理与组织资本价值提取能力提升 111

6.1	战略管理对组织资本价值提取的作用	111
	6.1.1 战略管理的内涵	112
	6.1.2 战略管理与组织资本价值提取过程的耦合	113
6.2	组织资本价值提取的战略管理过程	116
	6.2.1 战略分析与环境扫描	116
	6.2.2 战略定位与组织资本需求	117
	6.2.3 战略实施与组织资本投资	121
	6.2.4 战略评价、调整与组织资本价值提取	122
6.3	柔性管理与组织资本价值提取	123

6.3.1 组织资本柔性对战略调整的作用 …………………………… 123
6.3.2 组织资本柔性管理的基本途径 …………………………… 124

6.4 多元化战略与组织资本价值拓展 ………………………………… 128
6.4.1 基于组织资本的经营战略选择标准 ……………………… 128
6.4.2 依据组织资本实施多元化战略的必要性 ………………… 130
6.4.3 基于组织资本的企业多元化战略制定步骤 ……………… 131
6.4.4 组织资本价值在多元化战略实施中的拓展途径 ………… 133

第7章 组织资本价值创造能力评价 …………………………………… 135

7.1 组织资本价值创造能力评价的意义及指标选择原则 …………… 135
7.1.1 评价意义 …………………………………………………… 135
7.1.2 指标体系设置原则 ………………………………………… 136

7.2 组织资本价值创造能力评价指标体系的确定 …………………… 137
7.2.1 评价指标体系的设计 ……………………………………… 137
7.2.2 评价指标类型的选定 ……………………………………… 138
7.2.3 组织资本价值创造潜力评价指标 ………………………… 140
7.2.4 组织资本价值提取能力评价指标 ………………………… 140

7.3 组织资本价值创造能力评价方法 ………………………………… 143
7.3.1 层次分析法简介 …………………………………………… 143
7.3.2 运用层次分析法确定权重 ………………………………… 144

7.4 组织资本价值创造能力评价指标权重的确定 …………………… 148
7.4.1 组织资本价值创造潜力评价结果 ………………………… 148
7.4.2 组织资本价值提取能力评价结果 ………………………… 151

7.5 组织资本价值创造能力的实证分析 ……………………………… 152
7.5.1 调查问卷的设计和数据收集 ……………………………… 153
7.5.2 问卷分析 …………………………………………………… 153
7.5.3 样本描述性统计分析 ……………………………………… 153
7.5.4 信度与效度检验 …………………………………………… 156

  7.5.5　组织资本价值创造能力评价结果 ………………… 157

第8章　研究结论与展望 ……………………………………… 161
8.1　研究结论 ……………………………………………… 161
8.2　主要贡献 ……………………………………………… 164
8.3　展望 …………………………………………………… 165

附录A　调查问卷 ………………………………………………… 167

附录B　原始数据 ………………………………………………… 171

参考文献 …………………………………………………………… 175

后　记 ……………………………………………………………… 191

第1章 绪论

1.1 研究的背景和意义

1.1.1 研究背景

21世纪,人类社会已经进入了一个以知识为主导的时代,知识正在逐步取代传统的资本、劳动和土地等成为企业最重要的资源。日本学者Nonaka(1991)曾高度概括知识经济时代的特征:"在市场迅速变化、科技不断推陈出新、竞争者越来越多的环境下,唯一可确定的是环境充满了不确定因素,要掌握竞争优势必须先掌握知识,成功将属于能不断创造新知识、有效地运用新知识、迅速推出新产品的企业。"

企业作为一种社会组织形式,其经营的根本目的是为了创造价值,而企业价值的增长越来越依赖于企业所拥有的组织资本。组织资本代表了企业将各种要素投入转化为最终价值的能力,这种能力是企业所拥有的,即使组织成员离开,仍然留存在组织中的知识资产,其价值在于把企业知识资源凝聚起来,使企业的知识资源在实现企业战略目标的过程中得到有效利用,是企业存在和发展的基础。如何管理组织资本,发挥组织资本的巨大潜力,成为我国企业特别是知识型企业面临的现实问题。

传统的经济理论认为，企业是一个"黑箱"，是一个生产函数（即 $Y = AK^{\alpha}L^{\beta}$），不探讨企业内部资源的运作过程与状态。Porter（1990）根据产业经济理论分析企业的竞争战略，主张通过产业选择及战略定位来获取更高的盈利率，侧重于从企业外部获取竞争优势。然而，实践表明，决定企业竞争优势的主要因素来自企业内部。因此，20 世纪 80 年代中期至 90 年代初期，分别出现了着眼于企业内部管理的"组织资源基础论"和"能力基础理论"。"组织资源基础论"的代表人物 Barney（1986）将组织资源定义为企业的资产、知识、信息、能力、特点和组织程序，其中基于团队工作、文化和组织程序的资源和能力是难以模仿的，这些资源是在企业发展过程中逐渐积累形成的，对竞争优势的创造与保持十分重要。而"能力基础理论"的代表人物 Prahalad 和 Hamel（1990）认为企业在本质上是个能力体系，核心能力是企业中的积累性学识，特别是关于如何协调不同的生产技能和有机结合多种技术的学识。可见，这两个流派的共同点在于：都认为企业组织所拥有而非某个个人所拥有的积累性资产是企业培育、获取和保持竞争优势的源泉。

现代企业理论认为企业是契约的联结体，是由人力资本与非人力资本组成的合作团队，但并没有深入探讨人力资本与非人力资本究竟是如何合作的。企业投入的物质资本与人力资本在投入初始仅仅是静态的生产要素，它们必须与企业组织相结合，借助企业运行机制才能进入动态的价值创造过程，实现生产要素的"生产"职能。在一定程度上企业是将各生产要素相结合的生产方式，企业效率的差异主要取决于各种生产要素的数量、质量及将各要素相组合的方式。企业组合、运用生产要素是个复杂精致的过程，不是简单地对生产要素进行排列、相加，而是能动地作用于初始生产要素，并在这一过程中创造出新的生产要素——组织资本；但组织资本的形态、功能都与前两者不同，它在更大程度上决定着企业的发展。企业存续期间所存在的经验效应是我们能直观感受到的组织资本效用。

组织资本是企业理论研究中的崭新命题，远未形成一套完整的理论体系。目前对组织资本的多数研究仍集中在组织资本的解释、评估及其与人力资源开发的关系上，对于组织资本如何为企业创造价值、如何转化为企业竞争力这一更关键的问题研究尚少。

1.1.2 研究意义

重视组织资本在企业价值创造过程中的作用，对组织资本进行有效的管理，已经成为学术界和企业界的共识。本书的研究目的是，在现有研究成果的基础上，从理论上构建企业组织资本价值创造能力管理的体系框架，指导我国企业在激烈的市场竞争中获得竞争优势。研究组织资本管理的重要意义有：

1.1.2.1 对完善组织资本研究体系具有重要理论意义

在国外，关于组织资本理论的研究在一批先行者的带领下，取得了一些进展。从已有的研究成果来看，对组织资本的概念等原理性知识研究得较多，并且主要集中在组织资本概念、分类、测量、评估等独立环节上，研究成果较分散。缺乏系统的企业组织资本管理理论，导致组织资本理论无法指导企业实际运营。近年来，我国国内开始引入组织资本理论并对其进行研究。现在仍处于对国外研究成果的吸收和消化阶段，概念介绍的多，专题研究的少。总体来看，有关组织资本管理的真正意义上的研究几乎没有。创新企业战略管理理论，为企业运营过程提供具有可操作性的组织资本管理指南，从这个角度出发，构建一个企业组织资本管理的理论体系框架，具有重要的理论价值。

1.1.2.2 对新经济条件下促进企业成长具有重要战略意义

企业面临的现实环境急剧变化，网络信息技术突飞猛进，迫使企业管理方式迅速改变。相对于急剧变化的管理对象和管理环境而言，管理理论显得滞后。随着知识型企业大量涌现并高速发展，组织资本在企业资产中的重要地位日益突出，成为企业最宝贵的财富，研究组织资本管理理论和方法，可以为企业组织资本的积累和企业的发展提供合理的解释与依据。

1.1.2.3 对我国企业提高国际竞争力具有重要现实意义

我国现有企业规模还较小,虽然发展速度较快,但与发达国家相比差距巨大,一些优秀的企业更加渴求获得指导实践的企业管理新理论。目前,我国企业的组织资本规模一般都较小,在企业价值创造过程中所起的作用尚显不足。这些都是影响我国企业国际竞争能力的重要因素。因此,深入研究我国企业组织资本开发理论与方法,对指导我国企业在知识经济时代获得竞争优势、增强国际竞争能力具有重要的实践指导意义。

1.2 企业组织资本的内涵

1.2.1 组织资本的概念界定

组织资本理论的历史沿革,经历了萌芽、发展及不断成熟三个阶段。1960~1980 年,组织资本理论处于萌芽的发展阶段,以 Knight、Rosen、Alfred Marshall、Kunzites 等学者为代表; 1980 年组织资本的概念才被正式提出,并获得学术界的普遍认同,这为组织资本理论的多样化发展奠定了基础。

1.2.1.1 组织资本理论的萌芽阶段

组织资本概念的形成和演变经历了一个比较长的时期。Knight(1921)认识到,提高组织生产力有很多方法,改善组织同"增加新设备"等都是组织实现提高生产力目标的选择。Marshall 和 Alfred(1961)认为"资本在相当程度上存在于知识和组织中",并把组织归入非物质财富,并特别强调指出"知识和组织是资本的重要组成部分"。随后不少经济学家在研究组织行为、人力资本及管理模式的同时，提出了组织具有资本的某种特征。组织的这些特征是人力资本发挥效用的组织保证。因为组织有着个人无法比拟的能量和作用。Knight（1967）也发现，有组织的努力使社会组织能够比个体单位生产出更多满足需要的产品。Rosen（1972）指出企业存在于三种维持复杂生产过程的企业家才能之中，第三种组织经验存在于投入要素领域，生产工人技术水平通过对经验的学习使知识得以提高。Rosen 和 Sherwin（1978）指出，在产品和服务的生产过程中积累的经验和知识等也是一种产出，这种产出难以转移，脱离企业将不复存在，是企业的专有资产。这些都体现出组织资本的概念内容。

1.2.1.2 组织资本理论的发展阶段

从 20 世纪 80 年代开始，国外学者开始比较系统地研究企业组织资本理论。他们从人力资本、智力资本、组织层面等视角进行研究，取得了一定的成果。这些研究成果丰富了组织理论。本书归纳了现有研究视角和代表学者，如表 1-1 所示。

表 1-1　组织资本理论不同研究视角的代表学者

研究视角	代表学者
人力资本	Prescott、Visscher、Tomer
知识	Evenson、Westphal、Radhakrishnan
智力资本	Stewart、Edvisson、Sullivan
组织层面	Coleman、Atkeson、Kehoe

从人力资本视角研究组织资本。Prescott 和 Visscher（1980）正式提出组织资本概念，把组织资本看作是企业专属的信息资产。他们认为有关员工和任务特征的信息影响着厂商的生产可能性集合，并且这种信息是和产品一起生产出来的，因此它们是企业的一种资产。他们在生产函数中引入企业有关员工能力和工作特征的信息作为资本存量的一部分，用以说明组织资本投资对厂商的增长率的约束作用。Eriksen 和 Mikkelsen（1996）提出的组织资本概念与 Prescott 和 Visscher 提出的概念相类似，他们做了进一步的解释，认

为组织是一种信息，而这种信息能够协调企业生产经营活动。他们所认为的组织信息在本质上是组织所拥有的知识、技能和经验，不仅信息本身是知识，而且获得信息的手段和方法也是知识。Nelson 和 Winter（1982）认为信息是组织记忆的媒体，组织记忆的存在是由于信息沟通而产生，并通过组织学习使其固化为组织规章制度。组织资本是在企业生产经营成果及产品或服务中的信息、文化、制度、知识和经验等的集中体现。Tomer 是国外第一位系统研究企业组织资本理论的学者。他于 1987 年在《组织资本：提高生产力和福利的途径》一书中比较系统地阐述了组织资本理论问题。他把组织资本定义成"一种体现在组织关系、组织成员以及组织信息的汇集上，具有改善组织功能属性的人力资本"。Gort 等（1985）也认为，组织资本是与企业人力资本相联系的，由两部分构成，一部分是信息，一部分是其得到的回报归属于组织所有的人力资源。Fred Weston 等（1996）指出组织经验和组织资本的结合就会产生人力资本资源。他们认为企业是组织资本和投资机会的结合体。组织资本被定义为管理人员以及其他雇员通过经历中学习而获得的能力的提高。Edvinsson 和 Malone（1997）将组织资本看作是人力资本的具体化、权力化，是组织支持性的基础结构。

从知识的角度来研究组织资本。Evenson 和 Westphal（1995）提出组织资本是指知识结合员工技能和物质资本，以制造和交付所需要和满意的产品的专门知识。Lev 和 Radhakrishnan（2005）认为组织资本是技术、商业实践、过程、设计的结合体，主要包括特定的商业流程和设计激励系统以及薪酬系统，组织资本能使企业持续地从给定资源中以更高质量的产品和更低的成本来获得更多的收益。组织资本包括运营能力、投资能力、创新能力三个方面。Chowdhry 和 Garmaise（2003）从企业默会知识（或内部语言）对企业产生的影响这个角度来理解并测量组织资本。在企业开始一个新项目时，非正式工作惯例、便利的技术术语以及一套来自过往合作经验记忆的语汇形成内部的默会知识，这是一套共同的内部语言。在资产一定的条件下，内部语言丰富（即高组织资本）的企业将拥有更高的市场价值，因为在这里重要的是分享信息和团队合作。组织资本使得组织内部产生的静态互补影响雇员的流动和薪金,而在组织资本投资上的动态互补会影响企业长期的市场地位和流动。同时,他们将企业资产划分为实物资本、人力资本和组织资本,并构建了一个有关企业产出与实物资产、管理者品质以及管理者与其他人有效沟通的能力之间关系的模型,在这个意义上,企业的内部语言是组织资本的最根本的组成部分。他们认为从这个角度更能洞察企业的性质,并对许多实证提供一贯而持续的解释。

从智力资本角度来研究组织资本。在智力资本概念提出之前,组织资本的外延范围比较广,可以认为所有组织的资本(一般是指非财务资本)都是组织资本,但是当 Galbraith(1991)正式提出智力资本的概念以后,由于是把组织资本看作是智力资本的一部分,所以组织资本的概念就变得更明确,但外延也就变得更狭小一些,它往往是和智力资本其他组成部分相区别但又相联系。Stewart(1997)认为,结构性资本是指企业的组织结构、制度规范和企业文化等。Edvinsson 和 Sullivan(1996)认为,组织资本是指不依附于企业人力资本而存在的其他所有资本,代表了企业各种要素投入转化为最终价值的能力,这种能力是企业所拥有的,即使组织成员离开,仍然留存于组织中的无形资产。

从组织层面来研究组织资本。Becker 和 Gordon(1996)把正规组织看作是一种财产形式,他们认为正规组织的所有者有权塑造、改变、解散或出售正规组织以实现其目标。Coleman(1988)从组织的社会资本的角度把组织资本分为三类:一是结构化任务、预期和可信度;二是定额和有效的奖惩,这类似于企业文化的概念;三是信息渠道。Atkeson 和 Kehoe(2002)认为组织资本是由组织自身体现出来的,随同产出品一起生产的企业特有的资本,即使产出的副产品,其实质也是知识。在模型中,组织资本积累在工厂层面进行。每个工厂的特定生产力和存在年限各不相同,这种不同的特征组合就是工厂的组织资本。一个工厂的特定生产力依赖于工厂技术的成熟性和它关于如何利用技术的结构知识的存量。当新工厂建立起来时,它们可能具有最好的或者最前沿的技术,但是它们没有结构知识。当工厂运作了一定时间后,特定生产力的增长依赖于其年限,存在一定的随机性,工厂的特定生产力的增加来自一个随机学习过程。

1.2.1.3 国内学者对组织资本理论的研究贡献

在国内管理学界研究企业组织资本理论的学者和专家还不多,翁君奕(1999)在《企业组织资本理论——组织激励与协调的博弈分析》一书中较为系统地研究了企业组织资本理论,他认为组织资本是指旨在改变劳动者的行为方式、知识、技能和综合素质以及个体或群体协调机制的建立所进行的投资而形成的资本,这种资本能够给企业创造价值。组织资本在本质上应当是一种让组织成员能够把其所拥有的知识、技能发挥出来的组织环境、氛围或机制。

张钢(2000)认为组织资本是一种物质资本与人力资本的关系以及人力资本与人力资本之间的关系,他把组织资源和组织资本加以区分,认为组织资源是企业生产经营活动投入的、与团队协作及生产方式有关的、非个人化的人力、物力资源,组织资本则是对组织资源进行开发性投资所形成的可以带来物质资本和人力资本增值的资本形式。企业的向上层报的层级,计划控制和协调系统以及企业内部和企业与环境之间的非正式关系,体现为人力资本之间以及人力资本和工作之间的关系资本。他在2000年进一步指出组织资本实质上是一种人力资本。

另外一些学者并不认同组织资本是人力资本一部分的观点。徐笑君(2000)认为,组织资本的组成不应该忽略组织的战略和技术,所以她认为组织资本的构成要素有:战略型组织资本、技术型组织资本、管理结构型组织资本、营销型组织资本和文化型组织资本。范徵(2002)认为,组织资本是一种力量,它能使企业避免不情愿地把这些能力转移给竞争对手,组织资本的核心包括了以"结构资本"和"理念资本"为基础的核心组织能力。赵顺龙(2003)认为,企业组织资本是指在企业生产经营和管理活动过程中,将组织成员所拥有的知识、技能和经验转化为组织特有的、共享的资源或资产,这种资源或资产一旦与组织其他资源结合,不仅为企业创造利润,而且还能为企业创造竞争优势。组织资本的形成过程,实现了组织成员的知识、技能和经验的价值形态转换。王晨等（2003）指出，企业能够通过组织资本的专用性投资形成价值网络，在这个过程中，企业中的个体资本和群体资本相互作用，最终转化为组织内所特有的知识资产。邸强（2005）认为，组织资本实质上是体现在个人和组织中的显性及隐性知识的集合，企业需要从整体上把握组织运行所需要的各种知识并创造和促成知识之间的联系，使之产生价值，以保持企业持续的竞争优势，组织中的各种知识经过产生，在个人和组织之间进行转移、扩散而产生价值，在这一过程中实现了组织资本的形成。冯丹龙（2006）认为，组织资本是依赖于特定的组织和社会交往模式，通过长期的组织学习和工作实践积累而形成的，存在于个体、团体和组织之间，企业员工共同创造的编码化或者部分编码化的组织共享知识（技术知识、管理知识等）能力和价值观。他以知识为主线，从企业管理的角度对个体、团体和组织三个相互联系的本体论层面来研究组织资本的增长。施丽芳（2006）认为，这种观点将组织资本看作是由嵌入在企业里的业务流程、工作惯例甚至组织文化、组织生态系统等构成。一方面，从信息角度来看，这些构成组织资本的要素都蕴涵着有关企业工作、员工、运营的信息；另一方面，在现实世界中，企业的业务流程早已跨越了法律上规定的企业实体界限，离开了外部利益相关者如供应商、客户等，企业的流程便不再完整，也就失去了其存在的巨大价值。刘海建和陈传明（2007）认为，组织资本是企业生产经营和管理活动中的一种制度安排，这种制度安排能够整合企业内外的所有资源，从而影响企业战略选择与绩效。他们将组织资本分为三类：权力资本、规则资本和知识管理资本。

从以上的研究中我们可以发现，理论界对组织资本的实质和构成的研究的分歧主要集中在两个领域，一是组织资本是否要和人力资本相区分，它和人力资本的关系是怎样的，到底是组织资本包括人力资本，人力资本包括组织资本，还是两者是并列的关系。如果认为组织资本是组织所拥有的具有增值性的资本，那么人力资本无疑应该是组织资本的一部分，如果把组织资本看作是人力资本的产物和衍生，那么认为组织资本是一种人力资本的说法也有道理，但是这样就有可能使得原本比较清晰的人力资本的概念变得模糊起来。本书认为应该把人力资本和组织资本看作是相互有关联但是却有不同外延的两个概念。

分歧的另一个领域是组织资本是否包括关系资本。Edvinsson 和 Sullivan (1996)、徐笑君 (2000) 等认为，组织资本应该包括市场资本，原因是市场职能是企业组织中很重要的职能部门，商誉、经营特许权、营销网络、顾客满意度以及品牌知名度等都是组织的一种资本。Stewart (1997)、Sveiby (1997)、Annie Brooking (1998) 等把市场资本和组织资本概念作为等同地位的两个概念。他们认为，组织资本应该界定在组织的内部，市场资本实质上一种关系资本，它们应该不仅仅属于组织的。

从不同角度来研究组织资本，其内涵和外延是不同的，但目前各种观点普遍认同的是，组织资本不依赖于某个个体，应包含制度规范、组织文化和管理结构等内容，与人力资本是内涵不同但有关联的两个概念。本书正是基于以上共识，将组织资本定义如下：组织资本是企业在生产经营和管理活动的实践中积累形成的，蕴涵在组织中的实现共享的知识和技能。它依托于组织成员所拥有的知识、技能和经验，表现为企业的组织结构、业务流程、信息系统、组织文化、商业秘密、知识产权等，代表了物质资本与人力资本以及人力资本之间的结合方式，为企业知识的创造、传递、使用与保护和企业价值的实现与增值提供支持与保障。

1.2.2　组织资本的构成要素

根据对组织资本的定义，本书将组织资本分为流程资本和创新资本。其中，流程资本是一种让组织成员能够把其所拥有的知识和能力发挥出来的组织环境、氛围或机制；创新资本是生产过程中对生产要素组合和创新的方法、程序和能力，其显著的表现形式是知识产权、商业秘密。

1.2.2.1　流程资本

流程资本是企业关于如何组织员工的活动，以联结成企业系统性的整体行动并实现其整体目标的知识系统,其基本作用在于协调企业内部活动,使企业的内部结构保持均衡有效的状态,为企业的经营提供组织基础。流程资本主要包括四部分:一是组织结构。这是企业内部关于责权分配、衔接与运行中的原则、规则、程序、状态及其变化的知识系统。企业责权结构具体体现于其职能结构、层次结构、部门结构、职权结构等形式之中,并反映为关于这些结构关系的组织结构图、管理程序、规章制度等方面。二是业务流程。这是企业为完成某一目标或任务而进行的一系列逻辑相关的活动或作业的集合,包括研发设计、生产制造、营销、存货、财务管理等企业运行的所有环节。三是信息系统。这是企业内部关于经营管理所需的信息收集、处理、传递、共享、利用、反馈等活动所遵循的规则与程序以及所依赖的软件和设施等。四是组织文化。这是企业在生产经营和管理活动中所创造的具有本企业特色的精神财富。它包括文化观念、价值观念、企业精神、道德规范、行为准则、历史传统、企业制度、文化环境等。如果说组织结构是企业的骨架,业务流程是企业的血液,那么信息系统就是其神经系统,组织文化就是其灵魂,四者共同协调企业各部分的关系与活动,使企业在活动中表现为一个有效的整体。

1.2.2.2 创新资本

创新资本是组织资本的中枢环节,它是企业在知识经济条件下获取长期竞争优势的关键。创新资本的形成和发展是建立在人力资本和流程资本共同作用的基础上,只有优秀的创新人才与合理的制度、良好的文化和有效的方法相结合,才能够很好地完成企业的创新活动。另外,创新资本会极大地促进关系资本,特别是顾客资本的发展,因为产品的生命周期越来越短,企业只有不断地推出符合顾客需求、满足顾客价值的新产品,才会在激烈的市场竞争中立于不败之地。创新资本主要以两种形态存在:一种是借助公共权力或法律制度予以保护或支持的企业知识产权,如商标、专利、特许经营权等;另一种是由企业自身独占并加以保护的技术知识,如技术诀窍、专有技术等。

1.2.3 组织资本的特性

根据组织资本的定义，我们不难发现其具有以下特性：

1.2.3.1 价值性

资本的本性是追逐利润，组织资本也不例外。在经济全球化背景下，企业应对日趋激烈的市场竞争的法宝是培育、获取核心竞争优势，而组织资本是核心竞争优势的基础与源泉。如果说物质资本与人力资本是企业生产必不可少的生产要素，组织资本则是将物质资本与人力资本有效融合的更高层次的生产要素；如果前者是"硬"要素，则后者是"软"要素。在知识经济环境里，企业生产经营过程创造的组织资本数量越多、质量越高，则企业越具有盈利能力与可持续发展能力。

1.2.3.2 稀缺性

组织资本的形成是一个逐步积累的长期过程，是一个具有组织记忆特征的动态演化过程。这意味着，组织资本要想顺利进入市场进行交易是存在相当难度的，一方面是由于它的整体存量难以测算，对其各组成要素的投资收益就更难分开度量；另一方面是因为特定的组织资本只适用于特定的企业环境，离开了它赖以形成和发挥作用的特定环境，它的价值很可能被低估或根本发挥不出来，甚至成为组织资本再投资的障碍。

1.2.3.3 不可复制性

组织资本是在长期生产实践中以特定的方式、沿着特定的技术轨迹逐步积累起来的，与企业特有的历史和文化遗产相联系，是企业特殊历史进程的产物，这种"管理遗产"影响企业未来的行为和战略选择。显然路径依赖性增加了独特资源和技能被交易和被复制的难度，即给企业自身创造了在相对较低成本下获得比竞争对手更高附加值的可能性。

1.2.3.4 要素的相互依赖性

组织资本包括企业经营过程中形成的各种硬件、软件、数据库、专利、商标和技术系统，也包括使个人能力能够得到充分发挥的组织形式、组织机构、组织制度、企业文化，还包括多年积累的企业形象和商誉等。但组织资本的各要素之间是互为因果、不可分割的，因而，组织资本投资必定是一种连锁性投资，如投资于企业各种硬件、软件，必定连带性地投资于组织制度和企业文化等，否则，将会由于投资瓶颈的存在而导致整体组织资本增值的缓慢乃至停滞与萎缩，进而使单要素的组织资本投资失去意义。组织资本投资的这种连锁性特点就集中反映了组织资本要素之间的相互依赖性。因而在对组织资本进行投资时，应系统考虑，统筹规划，以充分发挥资本的增值效应。

1.2.3.5 动态性

企业组织资本是在长期的经营管理实践中逐步积累起来的，具有较强的稳定性。但企业的组织资本总是与一定时期的产业动态、管理模式以及企业资源等变量高度相关，随着时间的推移，企业的某项组织资本必然会发生动态演变，经历产生、成长、成熟、衰亡等阶段。因此组织资本具有一定的生命周期，需要不断地学习、提升、发展与完善。

1.3 组织资本与企业资源、知识的关系

为了更好地把握企业组织资本的本质内涵和管理意义，离不开另外两个概念：资源和知识。下面，本书对资源和知识的概念及它们与组织资本之间的关系进行澄清。

1.3.1 资源的概念及其与组织资本的关系

关于资源的概念，存在多种不同的定义。在资源基础观中，资源处于核心地位。Wernerfelt（1984，1995）认为，企业资源包括物质资源、人力资源和组织资源，它们能够用来执行价值创造的战略。Barney（1986）认为，企业资源包括为企业所控制的各种资产、组织过程、信息、知识等，可以划分为三类：物质资产（如专用厂房和设备）、人力资产和组织资产，企业资源是独特的价值创造战略及相关的价值系统的基础。Amit 和 Schoemaker（1993）定义企业的资源为企业拥有或控制的可获取的投入要素的存量。通过使用一系列其他的企业资产和连接机制，如管理信息系统、管理者和员工之间的信任等，资源会被转化成为最终的产品或服务。资源包括可交易的技术诀窍（如专利和特许权）、物质及金融资产和人力资本等。Grant（1991）认为，企业资源包括六类：金融资源、物质资源、人力资源、技术资源、商誉资源和组织资源。只从财务报表来认识企业资源是不够的，因为财务报表无法准确反映人员技能、技术诀窍等无形资源，而这些资源对于企业获取竞争优势来说却是至关重要的。Grant 扩大了资源的外延，不仅包括投入要素，而且把商誉等无形的东西也纳入资源范围，是一种广义的资源定义。张延锋、李垣（2002）认为资源包括机器设备、厂房、土地、资金等有形资源和无形资源，如商标、核心能力、专利、企业文化、商誉等。

综上所述，可以总结认为：关于企业资源的概念存在狭义和广义两种观点：狭义的资源只包括企业生产过程的投入要素；广义的资源既包括生产经营过程中的投入要素，也包括各种无形的支撑和促进要素，如组织资本。为了更精确地区分企业资源和组织资本，本书摒弃宽泛的观点，并倾向于对企业资源做如下狭义的概念界定：企业资源是企业拥有或控制的能获取的投入要素的组合。这样的概念界定严格区分了企业资源和组织资本的边界和外延，企业资源是可以获取的、可以交易和转移的，在投入产出过程中也是可转变的；而企业组织资本往往是难以在市场上获取的，也是难以交易和转移的，只能在企业内部开发和积累形成。

然而，在实践中，资源和组织资本的应用是不可分割的，因为它们之间相互作用。项保华（2003）认为，在通常的意义上，资源是那些由管理者所控制的外显、静态、有形、被动的"使役对象"，而组织资本是潜在、动态、无形、能动的可以胜任某项工作或活动的"主观条件"。资源和组织资本不可分割，资源需要通过组织资本来实现增值，而组织资本只有通过使用资源为顾客创造价值才得以显现。在特定的历史时期内，一个企业所拥有的资源位势（存量丰裕情况和结构协调情况）会在很大程度上影响企业创造开发、集聚、提升特定组织资本的流量。Makadok（2001）明确指出，资源可以在要素市场上通过选取和购买而获得，而组织资本只能在企业内部通过构建而形成。王核成（2005）认为，资源着重强调其有形性，组织资本则着重强调其无形性。资源是一个相对静态的概念，是在某时间截面上的反映；组织资本是一个相对动态的概念，总是相对于要做的事而言的，也只有在做事的过程中才能逐步显现和发展出来。可以认为，以知识为本质的无形资源的整合和运用，加上在人力资源上的能动性和创造性以及组织惯例发挥作用产生了企业组织资本，企业组织资本进一步作用于有形资源使企业活动并产生绩效。

由此可见，资源离开组织资本便毫无价值；没有资源，组织资本也就无从产生。据此得出以下三个结论：

（1）广义的资源包括组织资本，组织资本属于无形资源的范畴，是一种特殊的资源，它更多地与知识联系在一起。但是，狭义的资源只包括生产经营过程中的投入要素，本书倾向于狭义的资源的界定。

（2）本书定义的企业资源与企业组织资本存在明显的区别，一般而言，资源是静态、被动、有形的，而组织资本是动态、能动、无形的。

（3）企业资源和企业组织资本对于企业长期的生存和发展都是不可或缺的，它们之间相互作用、相辅相成。组织资本作用于资源，而组织资本只有通过使用资源才能显现。因此，不能脱离资源来谈组织资本，离开组织资本，资源无一价值。

1.3.2 知识的概念及其与组织资本的关系

知识是一个多面性的概念，具有多重含义。社会学家、经济学家、管理学家逐步从各自的研究角度对知识进行了分析。本书倾向于对知识作以下概念界定：知识是在一定的情境下获得的能够改善人类行动的客观和主观的认识组合。知识不仅包括事物及其运行的一般规律，即系统化的自然和社会科学认识，而且也包括未系统化的个人直觉、经验等隐性认识。知识区别于信息和数据，它强调改善和促进人类的行动。企业知识和企业组织资本之间存在紧密的联系，这在越来越具有影响力的企业组织资本理论中成为一个核心命题。知识是形成组织资本背后更深层的东西，没有知识的支撑，组织资本将是无源之水、无本之木。知识包括显性知识和隐性知识，提供了组织资本的基础。组织开展学习会获得、传播和应用知识，从而引导企业组织资本的产生和演化。

1.3.2.1 企业知识的异质性决定企业组织资本具有独特性和难以模仿性

企业是特定知识的集合体，由于各企业所吸纳人员的知识专业化方向和程度是不相同的，并且各类人员之间相互作用的过程、方式和持续时间也各不相同，从而导致各个企业最终所积聚的组织资本具有差异性。当各企业从事同类生产活动时，也就不可能具有相同的生产成本、形成相同的竞争优势。企业当前的组织资本存量决定了企业发现未来机会和配置资源的方法，企业内各种资源效能发挥程度的差别都是由现有的组织资本所决定的。而且组织资本的增长还具有路径依赖性，随着企业组织资本存量增加，企业之间的组织资本差异会继续增大。

1.3.2.2 知识吸收与学习决定了组织资本创造价值的能力

企业要获得并维持其竞争优势，必须不断地吸收外部知识。吸收外部知识的能力决定着企业的创新能力,不管是个体学习还是组织学习,其学习效果取决于学习者的吸收能力。在企业学习与知识创新过程中,企业组织资本扮演了极其重要的角色,学习与知识创新的有效性取决于企业组织资本的效力,即组织资本存量决定了企业运作的绩效。企业组织资本本质上是一系列高度专有的、具有再生能力的知识仓库。这种知识以各种不同的形式存在于企业的运作规程和常规中。因此,企业需要建立必要的流程结构、方法和机制来积累和存储各个阶段所产生的知识,并使组织学习与知识创新成为一个不断改善绩效的过程。

1.3.2.3　知识的转化与共享决定组织资本的可延展性

野中郁次郎和竹内弘高(1995)指出,知识转化就是隐性知识和显性知识的社会交互作用过程。知识转化有四种模式:①社会化:从隐性知识到隐性知识。社会化是一个分享经验、创造隐性知识的过程。企业通过将其内部成员的知识社会化,共享个人经验,即将他人的隐性知识转化为自己的隐性知识。这种知识的社会化使员工的隐性知识得以显性化。②外部化:从隐性知识到显性知识。外部化是将隐性知识显性化的过程,隐性知识通过以隐喻、类比、概念或模型的方式显性化,是一种最典型的知识创新过程。③组合:从显性知识到显性知识。组合是将概念系统化为一个知识系统的过程。它是一个通过各种媒体产生的语言或数字符号,将各种显性概念组合化和系统化的过程,是一种将显性知识转化为更为复杂的、系统的显性知识过程。④内部化:从显性知识到隐性知识。内部化是将显性知识具体化到隐性知识的过程,它和"干中学"紧密相连。通过内部化,有助于将知识以文件、手册或者口头故事的方式表达或描述出来,从而丰富企业成员的隐性知识,也使得显性知识更易于传播。

知识共享是指企业内部员工互相交流彼此的知识,使知识由个人的经验扩散到组织的层面。知识作为企业无形资产,其价值会随着使用人员的增加而增加。企业员工共享已有知识的成本低于获取新知识的成本,企业在共享知识的过程中使边际成本降低,边际效益提高。企业员工之间知识的互动与交流是知识创新的重要源泉，员工个体的知识通过交流和分享可以转化成企业的组织资本。但是，由于知识存在隐性的特征，知识的转移就会出现障碍。能否克服知识转移障碍，使知识顺利地在组织间转移，决定企业能否将自己的组织资本扩展到其他相关市场上去。

1.3.2.4 知识的保持有助于企业组织资本的维系

知识的保持是指企业对知识的重复性运用。企业在知识重复运用过程中会产生大量的新信息，为了创建新的惯例或修改现有惯例，就必须对这些信息进行评价、分类和分析处理，而对这些知识的评价、分类和分析处理等又涉及企业现有的组织资本基础。

知识保持是基于企业内所产生的知识，并使企业内处于不同时点上的技术知识一体化。知识重复使用还能使企业积累大量经验，减少知识的抽象性。在知识保持阶段，形成新的企业惯例，并将企业惯例根植于员工个人的行为之中，维持企业新的组织资本，保证企业竞争优势的持续。

1.4 组织资本对企业价值的影响

目前能检索到的关于组织资本对企业价值作用的直接研究文献并不多，特别是对于具体组织资本对企业价值作用机制的研究更显匮乏，但大量集中于企业智力资本管理领域中有关组织资本与企业绩效或者竞争优势之间关系等、与本书研究内容相近或相关的理论和实证探索文献成果为本书的研究提供了宝贵的借鉴经验。

1.4.1 组织资本对企业价值的直接作用

Black 和 Lynch（2001）认为，组织资本在劳动生产率、工资、劳动力需

第1章 绪论

求等方面对企业产生影响。但大多数这方面的研究目前限于定性研究,由于度量组织资本存在一定的困难,组织资本的定量研究并不多。一些行业内研究,如 Ichniowski 等(1997)、Arthur(1994)、Kelley(1994)、Dunlop 和 Weil(1996)的结果显示,组织资本越高,企业生产力越高。尽管缺乏组织资本对企业绩效影响的整体性研究,但是在某些与组织资本相关联的领域,如人力资源管理实践、企业文化、企业创新能力等,这方面的研究成果比比皆是。

在人力资源管理实践领域,早期有些研究曾表明人力资源实践的投资和企业绩效没有关联性。例如,Nkomo(1986,1987)利用横截面数据检验了人力资源计划对企业绩效的作用,但是没有发现相关性。Delaney 等(1988)以调查为基础的研究也得到了同样的结论。但他们之后的研究结果则推翻了这个结论,证实两者存在紧密的关系。Ulrich 等(1984)在 OASIS 研究计划中,发现人力资源实践与企业绩效呈正相关。Yeung 和 Ulrich(1990)的研究发现,人力资源和企业战略的一致性会影响组织绩效。还有许多学者集中研究了某些人力资源实践对特定组织成果的效应。例如,Russel 等(1985)和 Bartel(1994)的研究表明,培训计划的采用会直接促进财务绩效,而 Katz 等(1987)认为轮换的工作关系(包括合作与参与)能够提高生产力。Arnold 和 Feldman(1982)、Baysinger 和 Mobley(1983)认为工作保障、工会的存在、薪酬水平影响员工流失率。Black 和 Lynch(2000,2001)、Bartel(1989)、Bresnahan 等(2002)、Caroli 和 Van Reenen(2001),以及 Ichniowski(1990)、Huselid(1995)、Huselid 和 Becker(1996)、Delaney 和 Huselid(1996)等学者的研究都表明人力资源管理系统和企业绩效(如劳动力生产率、托宾 Q、现金流和企业价值的现值)间存在相关性。

Barney(1995)还进一步指出,不可能揭示出单一的人力资源实践对绩效的影响,因为单一人力资源实践对竞争优势的影响是有限的,也是难以分离出来的,因此,人力资源实践的组合可以更全面地了解其对竞争优势的影响。Huselid(1995)发现,把人力资源管理实践与战略联系起来的组织具有更高的绩效。Arthur(1992,1994)发现,增强雇员承诺的人力资源实践

(如分散决策、全面培训、雇员参与)与更高的绩效相关,而控制员工行为和减少雇员技能的人力资源实践会增加雇员流失率,制造绩效变差。

一些学者研究了企业文化对绩效的作用。Barney（1991）认为,组织文化作为企业一种重要的无形资源,能够带来持久的竞争优势。Denision 等（1995）进行了基于调查的组织文化研究,发现员工的参与会带来优秀的财务绩效。Kravetz（1998）证明了组织如果注重对员工参与性、自主性和创造性的培养,会给组织带来高绩效。Hansen 和 Wernerfel（1989）等对比了组织内部因素和市场定位两者对绩效的影响,发现组织内部因素和市场定位之间不显著相关,组织内部因素与绩效的联系强于市场定位与绩效的联系。Calori 和 Sarnin（1991）等识别了一系列组织的价值观,并把它们同五个企业的发展联系了起来。Kotter 和 Heskett（1992）等研究了组织具有的强势文化、合适的文化和有效性之间的关系。Denision 和 Mishra（1995）在自身研究的基础上,将组织文化两个指标——外部导向和内部关注、灵活性和稳定性分为四种特质,并通过实证研究证明了四种特质和组织有效性之间的关系。Chan 等（2004）通过绩效将组织文化同竞争优势联系了起来。Nahm 等（2004）也证明了具有顾客导向的组织文化将带来高绩效。Deshpande 和 Farley（2004）等通过跨文化研究证明了市场导向、组织文化和绩效之间存在着关系。另外,Barney（1986）、Camerer 和 Vepsalamen（1988）从经济学的角度对文化进行了探讨,并得出文化对组织有效性产生影响的条件,也就是我们经常说的竞争优势的条件,即稀有性、难以模仿性和不可替代性。Besanko 等（1996）研究指出企业文化创造价值的三条途径：第一,企业文化简化了信息处理,允许个人更好地把注意力集中于他们日常的工作;第二,企业文化补充了正式管理制度,减少了企业中监督个人的成本;第三,企业文化促进合作并减少讨价还价,因为企业文化可以影响企业中个人的偏好,使员工趋向共同的目标,从而降低了讨价还价成本,并促进了更多协作行为的产生与发展。"三条途径"直接说明了企业文化在企业经营中发挥的特有功效,从理论上叙述了企业文化对企业绩效的影响。

Lee 等（2001）针对高技术新创企业的实证研究中,提出新创企业的内部能力对企业绩效的影响,内部能力主要包括企业家导向、技术能力和财务资源。从他们对内部能力的分析看,内部能力是类似组织资本的概念。企业家导向不是指个人层面,而是指组织层面的有利于组织战略实施的流程、方法等,它根植于组织规程中,属于无形资源,只能花费时间和精力加以培育而无法购买。技术能力则是组织所拥有的科技知识、专利以及生产技术的总称。财务资源的提出是针对新创高技术企业一般缺乏运营和研发资金的现实状况而提出的。不考虑研究对象的特质,则企业内部能力的核心是企业家导向和技术能力,这些都是组织资本的范畴。他们以销售增长为新创企业绩效指标进行回归分析的研究结果表明,内部能力显著影响新创企业绩效。

张钢(2000)也认为,组织资本是"导致企业生产可能性边缘外移的催化剂",因为组织资本能够使企业克服 X—非效率,也能够通过战略、结构与文化的协调作用将物质资本和纯粹人力资本调动到实现企业技术创新的方向上来,从而提高企业的技术水平,最终增进企业的经济效益。邱强、唐元虎两位学者以我国 A 股股票市场的企业为研究样本,研究认为组织资本因素对企业绩效的作用是显著的。另外,"营业费用率"与企业的"总资产报酬率"呈正相关关系,这说明企业对信息管理系统的支出、研究开发、广告支出等均具有资本化的性质,目前我国的会计准则对这些支出一律按照费用化方式处理,这种处理方法在一定程度上导致企业的收入与产出、投资与回收状况在会计报表中不能得到有效的反映,因此应当采取在一定条件下资本化的会计处理方式,但由于这种方法是确定性的并且不考虑测量误差而受到批评。Toshiyoshi(1994)提出了一种方法——用非参数方法度量随机前沿面中的管理偏差方法,并应用于实例,取得了较好的效果。

综上所述,虽然缺乏从总体上研究组织资本对企业价值的作用的文献,但相关领域的研究仍然具有启示意义,从中可以推断具有更高组织资本的企业必然能够表现出更高的价值。

1.4.2 组织资本对企业价值的间接作用

1.4.2.1 组织资本与人力资本的相互作用

在智力资本的构成要素中，人力资本是智力资本的活性因素，组织资本是智力资本的保障和支持因素，关系资本是智力资本的补充因素。三者相互促进，密不可分，三者的相互作用对企业绩效产生影响。

人力资本是体现于企业员工身上的知识、技能和能力的综合，是智力资本中具有能动性的要素。人力资本中有很大一部分是隐性的，具有社会复杂性，如经验和技能（Barney，1991；Coff，1997）。要激活这些隐性成分，需要与其他资本相结合（Penrose，1959）。研究表明，员工需要激励才能使他们的技能和知识得以开发和利用。组织文化对雇员的招募和保留都有重大影响。根据 McKinsey 公司 1999 年进行的"智力之战"（War for Talent）调查，58%的雇员认为组织文化和价值观是他们最看重的。Peters 和 Waterman（1982）、Collins 和 Porras（1994）认为，支持性公司文化和价值观是公司成功的内在原因。另一个影响人力资本的是激励系统和绩效评价系统。研究表明，不同的激励系统直接影响企业绩效。上面阐述的人力资源管理实践与企业绩效的关系研究说明了组织管理中对人的激励所带来的效益，这种效应从根本上说是组织资本与人力资本交互作用的结果，因为人力资源管理实践的措施只有对员工发挥了激励作用，才能最终提高企业的绩效。

一方面，人力资本的投资会影响组织资本。Dess 和 Picken（1999）认为，组织资本的主要作用是结合组织资源进入组织过程来创造价值和持续竞争优势。组织资本包括组织结构、运作系统、流程步骤和任务设计、信息基础设施、资源获取开发和配置系统、决策过程和信息流动、激励、控制和绩效评价系统、组织文化、价值观等。Delaney 和 Huselid（1996）认为，"员工的经验水平和受激励程度直接决定做什么工作，怎么完成工作"是组织资本的关键。员工参与度、内部职业阶梯、团队工作都被证实与组织绩效正相关。Rumelt（1984）研究表明，组织流程既能增强又能减弱员工间的工作合作和组织知识发展。因此可以说，智力资本是发挥作用的企业人力资本。人力资本是组织资本的增长源，人力资本通过学习机制向组织资本转换，促进组织资本的增长和企业绩效。

另一方面，组织资本只有与人力资本相结合才能发挥作用。张钢（2000）在分析组织资本的性质时指出，组织资本是一种同人力资本密切联系的资本形式，组织资本如组织战略、结构和文化的协调，能够对一般物质资本和纯粹人力资本起激活和催化作用。虞剑文等（2006）认为，组织资本隐性的特点决定了组织资本不是直接作用于企业的价值创造过程，而是通过对其他形态的资本进行整合、协调以及激发，来充分发挥其他形态资本的潜能，特别是人力资本的运用创造良好的组织氛围。王双龙（2007）认为，组织资本的增长依赖于人力资本的增长和社会网络的构建，同时，组织资本对人力资本的增长同样具有促进作用，相同的个体在不同的组织下发挥出来的作用是不同的，人力资本与组织资本之间存在着互动关系。从严格意义上讲，知识和技能是个体创造的，它起始于个体，没有个体，组织无法创造知识，但组织可以为个体创造知识提供环境和各种支持，最大限度地利用其知识和专长。

1.4.2.2　组织资本与关系资本的相互作用

组织资本与关系资本的交互作用的理论研究非常少。Lee 等（2001）进行了内部能力与外部关系对新创高技术企业影响的研究，不仅分析了单项要素的作用，也分析了要素交互作用的影响。在他们的研究中，新创企业的内部能力主要包含企业家导向、技术能力和财务资源，在某种程度上可以看作组织资本的子集。外部网络包括伙伴网络和支持网络。伙伴网络是指与其他企业和风险投资机构形成的战略联盟、与大学或研究院所的合作关系。支持网络是企业从商业银行和政府获得的财务和非财务支持。研究结果表明，内部能力和伙伴关系间的交互作用对绩效有显著影响。支持网络与财务资源和技术能力的交互作用也对绩效有倍增效应。

张钢（2000）把组织资本与企业内部关系联系在一起，他认为，组织资本是一种根植于组织关系之中，由企业投资于各种正式关系和非正式关系所形成的资本形式。所以，组织资本也可以看作是一种关系资本。也正是这种关系资本反映了企业的组织特性对企业核心能力和劳动生产率的影响。

组织资本与关系资本的关系体现在，合理的经营流程、经营制度、经营领域有助于企业开拓市场、增强企业信誉、获取政府支持、获取融资渠道、保障供应商和中间商的合作、提高顾客忠诚度等，最终使企业的客户资本增值。研究表明，企业与顾客、供应商以及其他利益相关者的关系需要通过一定的组织机构、流程系统来保证。例如，客户关系管理的成功需要必要的组织制度来保障，投资于供应链系统促进企业与供应商的关系等，这种活动客观上能够开发更多的客户和供应商资源，保障客户的品牌忠诚和与供应商的持久关系。而关系资本在一定条件下，可以使组织获得更多的信息、知识和技能，从而增加组织资本。Burt（1992）认为，社会资本有助于增进企业内部能力，因为外部网络提供了一定的渠道促使企业积累所需的知识和能力。

1.5 研究内容和结构

1.5.1 研究思路与目标

对企业组织资本理论与实践的研究在国内外尚属起步阶段，无论在概念体系还是研究方法上都没有形成完善的框架。从以往的研究来看，对企业组织资本研究主要是从经济学的角度，沿用经济学的理论与方法，探讨企业组织资本对经济增长的促进作用，而相对忽视了对组织资本的管理。如何获取组织资本并充分发挥其作用是企业获得竞争优势的首要条件，也是知识经济条件下进行组织资本管理和战略竞争的主要目标。尽管目前我国大部分企业已意识到组织资本的重要性，但尚未采取有效的组织资本管理措施来充分发挥其巨大的作用，增强企业的核心竞争力。造成目前这种窘境的主要原因是组织资本管理理论的匮乏。鉴于此，本书在国内外现有的组织资本理论研究的基础上，提出系统的组织资本管理方法，为促进我国企业合理配置资源、充分调动企业员工的创新精神、发挥企业员工的创新能力提供可行的理论依据。

本书在系统分析组织资本价值创造机理的基础上，将组织资本价值创造过程分为存量积累和使用两个阶段，企业在每个阶段的运行效果分别决定了组织资本的价值创造潜力和价值提取能力，通过分析价值创造潜力和价值提取能力的决定因素，提出相应的组织资本管理方法，具体的研究思路见图1-1。

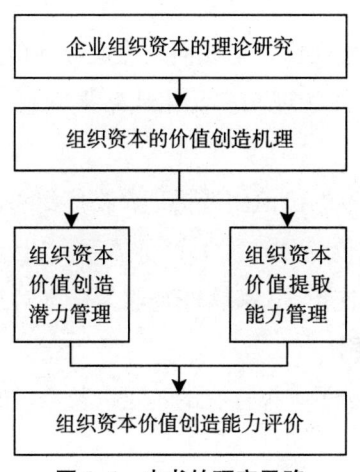

图1-1　本书的研究思路

1.5.2　本书的结构

按照上面的研究思路和目标，本书共分8章。

第1章为绪论部分，分析了组织资本的基本概念、构成要素与特性，并对组织资本与相关概念进行了辨析,提出了本书的研究内容和结构。

第2章在分析组织资本与企业价值之间的关系的基础上,利用组织资本价值链揭示了组织资本创造企业价值的机理,并论述了影响组织资本价值创造能力的因素,确立了组织资本价值创造能力管理的总体框架。

第3章借助Bass模型揭示了基于知识学习与组织创新的组织资本增长过程,并将组织资本引入企业价值模型,通过对模型动态分析揭示了组织资本的最优增长路径。

第4章首先阐述了组织资本增长与知识学习的关系,并通过改进Crossan知识学习模型建立了基于知识学习的组织资本动态增长模型,在此基础上,提出了通过知识学习提升组织资本价值创造潜力的方法。

第5章借助混沌理论中的Logistic方程描述了组织创新对组织资本增长的作用机制,在此基础上,提出了通过组织创新提升组织资本价值创造潜力的方法。

第6章从战略管理角度探讨了如何构建适应环境变化的组织资本价值提取机制,提出了基于柔性管理和多元化战略提升组织资本价值提取能力的方法。

第7章根据组织资本的价值创造机理,在广泛参考国内外研究文献的基础上,构建了组织资本价值创造能力评价体系。通过AHP方法确定了各评价指标的权重,并以大连市32家软件企业为样本对组织资本价值创造能力评价模型进行了实际应用。

第8章为结论,总结了本书存在的不足以及今后的研究展望。

1.5.3 本书的主要创新点

(1)提出了由价值创造潜力和价值提取能力两阶段管理构成的组织资本价值创造能力管理模型。对企业组织资本理论与实践的研究在国内外尚属起步阶段,无论在概念体系还是研究方法上都没有形成完善的框架。从以往的研究来看,对企业组织资本研究主要是探讨组织资本对经济增长的促进作

第 1 章 绪论

用,而相对忽视了如何组织资本的管理。本书将组织资本管理与企业价值增值的最终目标有机结合在一起,在系统分析组织资本价值创造机理的基础上,提出了由价值创造潜力和价值提取能力两阶段管理构成的组织资本价值创造能力管理模型。

(2)论证了企业组织资本的增长是一个由知识存量与流量构成的组织知识演化过程,并借助 Bass 模型揭示企业组织资本增长的内在规律。企业组织资本的增长存在两种选择路径:一是以现有知识资源与能力开发和利用为主,通过知识学习谋取组织资本存量的递增;二是以未来知识资源与能力探索为主,通过组织创新赢得组织资本流量的递增。企业现有经验知识水平对组织资本的稳定性起着积极作用,企业通过组织创新选择改变组织知识的语境与演化路径,这种"动态能力"不仅塑造了企业组织资本增长的路径,也促进了企业组织资本动态演化的稳定性。从某种程度上,组织资本是具有一定发展方向的企业有机知识子系统自我演化产生的结果,而指导"动态能力"发展的主要来自于组织创新。组织创新引导知识学习变化的方向与范围,而知识学习也保证了企业组织创新的顺利进行,两者相互影响并共同推动企业组织资本增长。

(3)将组织资本作为变量引入生产函数,构建了企业价值最优决策模型,并通过对模型的动态分析揭示了组织资本的最优增长路径。组织资本并不是企业价值增值过程中的直接投入要素,但组织资本为人力资本与物质资本的有效整合提供了支持与保障。由于人力资本对组织的依赖性,没有企业与员工之间的协作就不能实现人力资本的增值,人力资本不与物质资本结合就不能发挥作用,正是组织资本为人力资本与企业、人力资本与物质资本的结合搭起了桥梁。有效的组织结构设计、适当的集权与分权,与企业历史、组织规模、经营领域相适应的企业文化等都有助于激发员工学习与工作的积极性与创造力,从而有利于企业人力资本存量的提高及其价值的实现,为人力资本创造知识、发挥知识增值作用提供环境支持。组织资本对人力资本这种外部效应,使得企业价值最大化问题的内涵发生了巨大变化。

第 2 章　组织资本的价值创造机理

组织资本是企业价值的重要来源，组织资本对企业价值增长的贡献就是组织资本价值的体现。对组织资本具体价值形式的定位是组织资本价值转化的前提，企业只有明确组织资本对企业价值的作用机理，才能制定有针对性的管理策略，并且在充分利用企业组织资本的基础上，实现组织资本价值的最大化。本章在分析组织资本与企业价值之间的关系的基础上，利用组织资本价值链揭示了组织资本创造企业价值的机理，并论述了影响组织资本价值创造能力的因素，为后面章节研究的组织资本价值创造能力的管理确定了总体框架。

2.1　企业价值的理论剖析

企业生存的目的是获取盈利，其发展的终极目标是获得持续的盈利进而赢得重要的市场地位。过去我们以利润最大化为导向，的确给企业带来了短期绩效，但是长此以往必然阻碍企业的长远发展；现在及将来，企业应该以企业价值最大化为导向谋求企业终极目标的实现。企业价值是企业决策的最合理依据。

2.1.1 企业价值的内涵

企业价值概念是随着产权市场的出现而出现的。20世纪60年代，随着专门从事企业买卖产权市场的迅速发展，人们逐渐意识到，在市场经济条件下，企业本身也是一种商品，其市场价值是由企业购买者或企业投资者支付的价格决定。企业投资者之所以愿意购买企业，是因为他们觉得企业能够带来投资回报。根据供需原理，企业长期盈利能力越强，发展走势越强，愿意购买的人就越多，企业价值就越大。此时，企业价值主要是指企业本身作为一种特殊商品，通过一定的途径用货币表示其经济价值。随着对企业价值认识的深入，企业价值概念已经应用到企业管理中，企业价值最大化已经成为企业经营的主要目标。从企业经营管理角度看，企业价值是企业推崇的一种价值管理理念，反映企业在激烈市场竞争中，为了求得生存和发展，必须使自身价值在市场中得到承认，并不断寻求增加价值的途径。

在对企业价值的认识过程中，不同学科领域的学者对企业价值的内涵认识存在差异，这直接影响到对企业价值问题的研究方法、研究内容以及企业实现价值最大化的途径、方法的选择与运用。因而，恰当认识企业价值内涵就变得尤为重要。

（1）资产价值观。从会计学核算角度看，企业价值是建造企业所花费的全部费用的货币化表现，其大小是由建造企业的全部支出构成的。因此，企业价值可由企业各单项资产评估值加总得到。确切地讲，企业资产价值关注的不是企业自身的价值，而是企业所拥有的资产的价值。企业资产价值则是企业各单项资产价值之和，不能等同于企业作为一个整体系统所表现的资产综合体的价值。企业价值的高低不仅取决于资产总量，还取决于资产间的工艺匹配、有机组合方式以及利用效率与效益。这意味着企业内存在着资源与资源之间、人与人之间的合作关系，如企业内部组织结构、人力资源、销售网络、商誉等。而企业各单项资产价值加和很难衡量企业各单项资产间的工艺匹配和有机组合因素可能产生的整合效应，所以企业资产价值与企业价值

第2章 组织资本的价值创造机理

一般并不相等。

（2）劳动价值观。企业价值是指凝结在企业这一特定商品上的无差别的人类劳动，其大小是由其社会必要劳动时间决定的。对于企业来说，由于它的产生和存在也凝结了无差别的人类劳动，并且能够生产出具有使用价值的各种商品以获取利润，因此企业既具有使用价值也具有价值，是一类特殊的商品，可以上市，可以买卖，也可以兼并、收购、改制、重组、破产，通过市场交易来体现出其价值的高低。这种观点无疑是正确的，然而对于企业这一特殊的商品，并非像一般商品那样能批量生产、批量销售，企业交易的稀少性和个别性致使凝结在其中的社会必要劳动时间的计量异常复杂困难，难以建立社会必要劳动时间与货币量之间的联系与纽带。所以，用马克思的劳动价值论解释企业价值具有理论研究意义，但目前在实务中尚无法用于实际操作。

（3）契约价值观。现代企业理论更多地把企业看作是投资者的契约集合，每一名投资者与企业都是契约关系。投资者为企业提供资金，企业则要承诺能够不断为投资者创造满意的回报。企业是一个将投入转化为产出的组织，企业存在的价值就是盈利，其目的是通过有效率的生产实现利润最大化。如果企业实现的收益低于投资者的预期，投资者将采取出售股份等形式撤回资金，终止与企业的契约关系。新产权所有者之所以愿意购买企业，是因为企业为他们提供了一种获取投资收益的途径，企业的投资收益率越高，愿意购买它的人就越多，它的价值也就越大。契约价值观认为，企业价值是预期现金流的净现值之和。显然，这种观点是从财务、会计的角度对公司价值的评价。

（4）期权价值观。20世纪90年代出现的知识经济时期的市场特征与新的商业环境导致公司价值的内涵、构成及提升路径发生了很大的变化，使人们对企业价值有了创新性的认识，出现了一种建立在期权定价理论基础上的企业价值观点：企业价值是现有各种经营业务所产生的未来现金流量的贴现值之和再加上企业所拥有的获利机会的价值，企业的未来获利能力包括企业现有基础上的获利能力和潜在的获利机会两部分。前者是指在企业现有的资产、技术和人力资源基础上，已经形成的预期获利能力；后者是指企业当前尚未形成获利能力，但以后可能形成获利能力的投资机会。所以，企业价值是企业现有基础上的获利能力价值和潜在的获利机会价值之和。期权价值观第一次把企业所拥有机会的价值包括到企业总价值中来，反映了人们对企业价值内涵认识的深化与扩展，为我们更加准确地把握企业价值提供了更广阔的视野和思维空间，代表了企业价值理论最新的发展方向。

上述四种不同企业价值观点反映了企业价值内涵的多样性与复杂性，期权价值观最能反映知识经济时期企业价值的内涵，最能反映企业价值最大化的经营目标，因此本书采纳了期权价值观，认为企业价值是企业通过对其拥有或控制的资源的配置、利用效益和潜在能力的整合效应，具体地讲，是通过对其拥有资源的系统整合与运行，由企业资源配置以及整合资源的能力所决定的未来盈利能力，而这种盈利能力是对企业长期发展和增值潜力的市场预期。企业价值是企业价值来源、价值创造和价值实现的统一。

2.1.2 企业价值的特征

2.1.2.1 企业的本质：理解企业价值的逻辑起点

企业既包括生产性活动，又包括契约性活动，是生产属性和契约属性的统一。因此，企业既是专业化生产的组织形式，又是资本所有者权利安排的契约形式。在企业资本循环周转的过程中，企业的两重属性是统一的，企业的生产过程又是契约的执行过程；契约的形成和执行过程也伴随着投入和产出的生产经营过程。企业的两重属性中，生产属性更具有本质意义。

企业的生产过程中，基于劳动生产率的考虑是理解企业本质的关键。任何企业仅仅凭借节约交易费用难以发展，还必须依靠生产、向市场提供有竞争力的产品和劳务来实现要素所有者报酬最大化。企业是社会分工的存在形式，企业内部的分工和协作增加了企业每个成员的劳动熟练程度、提高了劳动生产率，使成员凭借物质资本提高人力资本价值，体现人力资本对物质资本的黏性；企业分工和协作也促进了企业的研发效率，提高了企业的技术创新能力。从企业的劳动生产率层面上，企业的本质是生产能力的集合体。

在企业契约的执行过程中，基于分配效率的考察是理解企业本质的核心。剩余索取权的分配效率是保证企业存在和运作的最重要的制度安排。生产要素的稀缺性决定要素所有者在分配"企业的创造"时的地位。企业在分配效率层面上的本质就在于此。越是稀缺的生产要素，其所有者分配"企业的创造"的谈判力越强，相应所获得的分配也越多。从企业分配效率的层面看，企业的本质是要素所有者基于其要求权、依据各自的价值预期，为了价值创造和企业价值最大化凝结而成的一个系统。

企业存在的前提是企业的效率高于市场的效率，企业的存在是因为它具有价值。企业价值就是企业在生产经营和分配过程中效率的综合体现，是企业资源的配置和利用效率的反映，企业效率的提高伴随着企业价值的形成、价值的实现和价值的增值。

2.1.2.2 企业价值的特征拓展

企业价值具有持续性。企业价值是企业当前获利能力、获利能力的持续性及未来潜在获利能力的反映。企业可持续获利能力越强，企业价值就越高。要实现企业价值的最大化，需要一个长期的过程。企业的任何短期行为不可能使企业价值得到提升。

企业价值具有预测性。企业价值反映了企业利益相关者对企业未来盈利能力的预期，这种预期越强，企业价值越大。企业要对未来的预期收益进行预测，也要预测与预期收益相对应的风险程度，这就决定了企业价值的预测性。预测的科学性决定着企业价值的准确性。

企业价值具有整体性。企业价值是衡量企业整体绩效的最全面、最准确的指标，因为它囊括了企业的所有要素、能力和绩效的全部状况，综合了企业投资、获利、风险等要素的参数。企业价值的内容不仅包括内部资源的配置、运用和管理能力，还涵盖企业内外部其他因素的影响程度。当企业内部各种资产及各类资源配置合理并得到有效利用时，企业的整体价值将大于各单项资产价值总和。企业价值不仅反映生产经营过程的效率,还反映企业契约关系人基于剩余索取权的利益要求,具有整体性。

企业价值具有可控性。企业价值的创造受到管理、战略、风险、技术、创新、环境等因素的影响,而且必然通过企业生产过程中的必要劳动,同时要对人力、财力、物力、组织、研发、信息等资源进行有效整合。因此,企业以价值最大化作为决策导向,则要求管理者对企业内外部环境中的诸多因素、企业内部管理行为以及资源配置等进行系统的战略规划,平衡好各契约方的利益关系,有效防范各种风险和不确定性。

企业价值具有多元性。企业是一系列多边契约关系的总和,不仅包括企业组织内部成员间的合约关系,还包括与债权人、供应商、消费者等利益相关者的合约关系,企业是使许多冲突的目标在合约关系框架中实现均衡的结合点(Jensen 和 Meckling, 1976)。企业生产经营的主要目的是为所有利益相关者获取收益、创造财富。因此,企业价值最大化不仅局限于股东权益的最大化,而应该综合体现企业全体契约关系者的共同剩余的最大化。

企业价值具有动态性。企业价值的变化依赖于许多随时间变化而变动的因素,这些因素包括经济环境、资源的相对稀缺性、所有权结构、技术创新水平等。企业整体价值的动态性,还表现在货币时间价值变化对预期未来收益和相应风险程度的影响。因此,企业价值总是某一时点的价值。

2.1.3 企业价值研究的核心问题

在知识经济时代,组织的主要生产要素由客户资本、组织资本等无形资本以及由财务资本与实物资本等有形资本所构成,资本由同质化演变为异质化,资本结构从一元资本演变成二元资本。由于资本的异质化、资本市场的发展等原因,企业的经营目标逐渐转化为企业价值最大化。而要实现企业价值最大化目标,明确企业价值关键驱动要素以及如何使用这些要素有效创造价值成为企业价值研究领域的核心问题。

2.1.3.1 企业关键价值驱动因素是什么？

从某种意义上讲，所有企业都需要有效的价值驱动因素作为其发掘和保持竞争优势的动力。只有明确企业价值的关键驱动要素，并将其作为企业价值研究的核心才能真正实现价值最大化目标。因此，研究提升企业价值的方法和途径，归根结底就是研究关键价值驱动要素及其价值创造途径。Thakor（2002）指出，公司价值驱动因素是影响和推动公司价值创造的一个决策变量。通过识别潜在的关键价值驱动要素，建立它们之间的关系，使得它们更好地发挥价值创造作用是非常必要的。

2.1.3.2 关键价值驱动要素如何创造价值？

企业的发展与成长能否持久取决于其是否选择了合适的价值创造驱动因素。持久有效的驱动因素即为企业价值创造的有效途径。在以知识要素为基础的生产和竞争环境中，企业价值与企业具体的特征和性质是相联系的。企业价值创造已经不是有形资产，而是无形资产。无形资产的价值创造过程不同于实物资产，其不但创造了有形的可计量的现金流，还创造了无形的利益，实现顾客满意度和公司声誉的提高、组织知识的积累、组织规则和价值观的改变、员工凝聚力的提高，等等。因此，除了分析那些能够提高目前投入资本收益的因素，企业更要关注那些表现出企业未来可持续发展潜力和盈利能力的无形因素，明确这些无形资源是怎样创造价值的。

企业价值创造不再是一般意义上的预计未来现金流量的增加或资产价值的增加，而是影响价值创造活动的各种因素，它们才是公司价值增加的真正驱动因素。价值链理论研究公司价值及其创造是现代公司价值理论研究的新视角，从价值链视角研究公司价值创造可以改变创造的理念、扩大创造公司价值范围，从而有利于企业价值创造体系的完善。

2.1.3.3 资本市场是怎样评估公司价值的？

这是企业价值研究领域需要研究的第三个核心问题。随着资本市场的发展，股东作为企业的所有者，其关注的目标自然是如何提高企业价值。从这个意义上来讲，企业价值最大化是企业各种经营活动的终极目标；现代企业制度的建立和完善，公司所有权和经营权的分离，公司的所有者将会选择把企业价值最大化列为头等大事的经理人作为公司经营管理者。另外，公司经营管理者为了使投资者、债权人投入公司发展所需资金，必须把企业价值最大化作为企业的根本目标。因此，研究资本市场对企业价值评价的关注重点也成为提升企业价值的研究的重点及核心问题。

2.2 组织资本与企业价值的关系

2.2.1 企业价值的驱动因素

关键价值驱动因素是指企业价值创造的源泉。找到并发掘出价值源，就发现了创造企业价值的基本思路。学者们从不同的角度、运用不同的方法对企业的关键价值驱动因素进行了分析和研究。

2.2.1.1 企业关键价值驱动要素文献回顾

Hall（1989）首次提出了关键价值驱动力的智力资产或者无形资产的概念。无形资产被定义为想法或知识资产，它们的特征能够用多种方法确定和记录，作者将它们划分为智力产权和知识资产。在其后的研究中，Hall（1993）在其调查的95家公司发现，公司的信誉、产品信息和员工专门技能对企业的成功是最重要的贡献者。这就是组织将不同的无形资源和核心竞争力纳入它们的战略中去的原因。

Eccle和Mavrinac（1995）在调查知识企业中发现，从投资视角看利润和现金流量、市场增长、行业与地域绩效、市场份额、新项目的资本支出、研发支出、新产品开发等要素起到了关键价值驱动作用。在更早的研究中，Akivaetal（1990）发现管理质量、产品与服务质量、市场定位的力度、新产品开发的质量、客户满意度、关于创新和研发的公司文化的力度等非财务要素强烈地影响投资决策。Nonaka（1991）在此观点上增加了一些测量价值驱动的项目，他认为，知识经济时代企业成功的要素是理念、产品和服务创新、通过研发创造新知识、新的市场、新知识创造的管理。

Suilivan（2000）研究发现，知识密集型企业认为下列要素将增加它们公司的价值：商业成功的前景、智力资本保护的法律考虑、市场成功因素、创新和创新管理、竞争思考、现金和盈利能力、风险管理、经济因素、政府的支持和政策、生产率等。

Kalafut 和 Jonathan Low（2001）通过对相关管理者和投资者的调查，提出了价值创造指数 VCI（Value Creation Index），确定了包括创新、技术、质量、品牌价值、顾客关系、员工、管理能力、环境和社团与联盟九个价值驱动因素。该方法基于下列假设，即企业价值主要取决于智力资本，智力资本的价值驱动因素决定了公司价值创造，非财务性指标能够提供更多的关于公司价值驱动因素的信息，从而有助于企业对智力资本的管理，以实现公司价值的增加。

S.Boso 和 K.B.Oh（2004）选取了生物科技、信息技术、能源与环境三个行业研究潜在价值驱动要素。作者提出的七个研究的主要价值驱动要素是：盈利能力、创新、研究小组与企业的声誉、成长前景、管理质量、经济要素、风险。还考虑不同行业价值驱动要素的相关性，生物科技和信息技术行业价值驱动要素的相关性更强于生物科技和能源与环境、信息科技和能源与环境。研究得出，在知识经济时期，企业战略管理关注从智力资本创造企业长期价值是极其重要的。

Annie Green 和 Ryan（2005）对现有的无形资产平衡计分卡模型和价值链模型进行评价，构建了一个无形资产评价框架（Framework of Intangible Valuation Areas，FIVA）。FIVA 提供了有效使用企业资源和知识的一个框架，发展、保持和提升其使命与竞争优势。他们认为，企业价值驱动要素主要包括顾客、竞争者、员工、信息、合作伙伴、流程、技术等。Zack（1999）认为，企业越了解客户、产品、技术、市场以及它们之间的相互关系，绩效就应该越好。Sanjoy Bose 和 Keith Thomas（2007）在研究中认为，财务盈利能力、增长潜力、管理能力、竞争优势等要素都将影响公司未来的成功和公司现金流量的产生潜力。

2.2.1.2 企业关键价值驱动要素研究评价

（1）无形资源价值驱动要素逐渐成为研究的重点。由已有研究结论可以看出，和有形的价值驱动要素相比，无形价值驱动要素越来越引起学者们的注意，从最初的 Marshall（1890）、Penrose（1959）、Drucker（1959）的研究开始，人们逐渐意识到知识资源是组织绩效的关键价值驱动要素。具有知识资源特征的智力资本已经成为企业持续经营的关键驱动要素，未来价值的创造主要来自知识的应用。Sanjoy Bose 和 Keith Thomas（2007）等提出的无形资源价值驱动观点已得到广泛的认可。越来越多的专家相信下一个经济增长的浪潮将来自知识基础企业，其特征是知识成为企业的重要生产要素和关键的价值驱动要素。

（2）无形价值驱动要素名称繁多且不统一，不便于推广与使用。在已有的研究中，研究者大都直接使用所选取行业的无形价值驱动的直接名称，如品牌、创新、客户关系、技术等名词，这样做的优点在于使各企业便于理解企业的价值驱动要素，但是，因为各个研究者提出的价值驱动要素名称不统一，这使得不同的研究结果的可比性降低，也限制了研究结果在实践中的应用。

（3）缺少将内外部价值驱动要素相结合的研究。从竞争视角看，现代企业，尤其是上市公司，既处于激烈竞争的外部环境之中，也深陷复杂的内部环境，因而存在着诸多影响公司价值的内外部价值驱动因素。企业关键价值驱动因素已经发展成为一系列具有特定密切联系的因素集合体。综观现有关于公司价值驱动要素的实证研究，可以发现，大多数研究仅仅考虑了企业价值驱动要素，并没有考虑企业外部价值影响要素，即使有少数学者考虑了外

第2章 组织资本的价值创造机理

部环境的影响，但也仅限于企业经营的行业环境，而忽视了企业自身价值驱动因素的影响。

综上分析，企业价值创造驱动因素不是静态的，而是呈现一种不断变化、调整的动态过程。目前，企业价值创造驱动因素已经发展成为一系列具有特定密切联系的因素集合体。在知识经济时代经济全球化背景下，企业面临的环境更加复杂多变，影响企业价值创造的因素也更为广泛。企业持续竞争优势是企业价值决定因素，企业的竞争优势并非完全来自市场的机会、市场的发展状况、竞争激烈程度等外部因素，持续竞争优势更多地产生于内部的资源利用效率，而资源利用效率的差异很大程度上是由企业内部积累的组织资本的差异形成的。Rumelt（1982）的实证研究结果表明，产业中长期利润率的分散程度比产业间利润率的分散程度要大得多，产业内的分散程度比产业间要大 3~5 倍，这说明最重要的超额利润源泉是企业具有的特殊性，而非产业间的相互关系。也就是说，企业的发展更重要的是由企业自身因素所决定的，而并非由特定外部市场条件所能完全决定的。因此，如果将企业的竞争优势与效率的源泉视为内部组织资本积累以形成核心能力的过程，这种论点将有助于考察企业的根本效率源泉、持续竞争优势以及长期绩效等问题，而非简单地将其主要归结为某个产品、外部环境或市场状况。因为产品和市场一般来说是企业中生命相对短暂的现象，有时所能产生的对企业竞争有利的特点转瞬即逝，而企业深层次的知识基础的产品生产与市场占有能力却可以持久地存在下去。从这样一个角度去思考，即使在市场状况突然变得非常恶劣时，由于企业具有良好的组织资本积累及利用学习机制，它完全可以利用自身内部优势来化解危机，也可以较好地利用内部资源向其能力可以延伸的行业发展新业务，也就是说，企业可以通过良好的组织资本积累产生逐渐拓展其生产领域的机制。

Barney（1995）在寻求企业竞争优势来源时，谈到企业组织资本，他认为企业竞争优势来源于企业资源的协调效应，而企业资源包括实体资产、人力资本和企业组织资本。虽然他没有详细探讨企业组织资本并对其做出概念的界定，但从他的文献碎片中可整理出他所认为的企业组织资本仍然是企业的无形资产,即涵盖了企业文化、信息、知识和技能、组织结构以及激励和协调机制等。这些无形资产也即企业组织资本能够产生协同效应,它将成为企业竞争优势的来源。Sullivan(2000)认为企业竞争优势来源于结构资本,它是创造企业价值的源泉。在论证结构资本如何创造价值时,他认为结构资本就是企业独特性的资产,即知识和技术诀窍、关系网络以及企业组织资本,也就是说,企业组织资本是结构资本的一部分,同时,他还认为企业组织资本和结构资本以及关系网络又是人力资源的一部分,因为人力资源是所有默会知识的源泉和库存。他对企业组织资本没有做出进一步阐释,认为"因为确定与企业组织资本关联的价值的学科是三种默会知识中最欠发达的学科,所以在这里不加以详细阐述"。虽然他在论证价值驱动的结构资本时回避企业组织资本概念,但他在论证企业独特性资产实现竞争优势的路径时无法回避企业组织资本存量的积累途径,他所说的企业竞争优势实现的路径,实际上就是企业组织资本的积累过程。

2.2.2 企业竞争优势的源泉

企业作为一个生产性组织,效率来自组织资本积累,通过组织资本积累以提高企业自身内部资源优势。更重要的是,企业的组织资本积累差异性决定了企业之间具有不同特性的知识优势,而这种知识优势代表了企业内部所具有的优质资源,同时也代表了企业较好的学习能力,企业的发展、竞争优势与长期绩效在根本上是来自这些企业内部因素。任何一个企业通过组织资本积累过程而获得不同的能力,就决定了这个企业的独特性。这是企业竞争与业绩产生的主要基础,因此,组织资本积累基础是企业价值的最终与关键来源。与企业外部条件相比,企业内部条件对于企业占据市场竞争优势更具决定性作用。企业组织资本的积累、能力的形成是解释企业获得超额收益和保持企业竞争优势的关键性概念。如果将此思路与企业的竞争力相联系,我们就可以从传统的对个别产品的研究、开发以及企业所面向的相同的市场条件的分析,转化为对企业组织资本积累的特异性的分析上。具体地说,企业积累的是知识、技能，而企业的具体活动，如生产、营销、研究和开发都是以这种积累的知识为基础的，也就是说，前者是企业所拥有的，后者是企业所从事的。对企业的成功发展的分析也不是找不出一些具有一般性的因素，而是着重考察企业内部积累的特殊性的知识或资源。在此基础上来看，企业竞争力的成败就在于企业在经营过程中是否已建立了相关的知识、竞争力是否建立在已有的知识上、竞争力是否有助于提高这一知识的积累并形成新的知识这三个方面。相应的，企业竞争力的制定也存在三个步骤：分析企业组织资本的特征，以特有的组织资本为基础展开经营活动，在经营活动中注重继续积累组织资本并形成新的组织资本，以进一步支撑企业的发展。

组织资本的价值性、稀缺性、异质性等特性对竞争优势的获取具有明显的作用力。这些基本特性在实际运作中互相结合、联合作用，共同创造持续竞争优势。

组织资本的价值性和稀缺性创造经济租金，组织资本的异质性限制或阻止经济租金的消散或被侵蚀，组织资本的不可完全转移性确保有价值的资源保留在企业内部。租金是指超过资源使用者的机会成本的收益。从资金赖以产生的源泉和可持续性角度来看，租金主要包括以下几类：①因拥有稀缺资源而获得的理查德租金（Richard Rent），产生的资源包括有价值的土地所有权、区位优势、专利版权等；②由政府保护或在潜在竞争障碍较高时的由于勾结行为而产生的垄断租金（Monopoly Rent）；③因在不确定的复杂环境里由于承担风险和源于企业家洞察力的企业家租金或熊比特租金，它是由于知识的扩散而"自破坏"的一种租金；④在资源是企业专有时，企业可以获得租金，资源的最优利用价值与次优利用价值之间的差异构成了所谓的准租金（Quasi Rent），它产生于异质的实体资本、人力资本和专用资产，又叫帕累托租金或马歇尔租金。组织资本与租金之间的关系具体如下：

（1）获得租金。组织资本在既定的资源条件下能够最佳配合、组合、协调各种资源的能力。拥有这种能力的企业可以更有效地展开经营活动，更好地满足顾客需求。组织资本的不可复制性决定了组织资本是稀缺的，因此拥有组织资本的企业将获得理查德租金或马歇尔租金。这样，只要组织资本不能被其他企业成功模仿，高效企业就可以维持这种租金；否则产业中的企业趋于同质，促使均衡价格下降，租金逐渐消失，高效企业也就只能获得正常收益。

（2）维持租金。在企业中，组织资本往往意味着市场失灵，即无法在市场上交换这些能力，因为组织资本表现为一种缄默的知识，甚至是无法通过语言、书面等方式的交流来相互传递，而且组织资本趋向于企业专有性，从而使其在市场上不可交易或交易成本太高。企业对组织资本的投资实质上是一种沉淀成本，根据蒙哥马利和沃纳菲尔关于转移成本的理论，它可以阻止组织资本的流出。而且组织资本是企业一组能力的有机配合，必须一起使用才具有更高的价值，所以某种单独能力的流动并不能重新得到组织资本，从而使企业把由组织资本获得的租金维持在企业内部。

（3）对竞争的事后限制。在企业中，形成组织资本的资源因果关系具有模糊性，很难识别，竞争对手没有任何信息优势，也就很难模仿构建组织资本。即使有些资源相对容易识别，但其复制过程却具有高度的不确定性、高度的时间路径依赖性和社会复杂性。而且组织资本是一种基于复杂的隐性知识的信息能力，是外部企业所不易获得的。这些都使组织资本具有不易模仿性和难以替代性，从而使资源的异质性保持相对较长一段时间，从而获得长期租金。

综上所述，价值性是组织资本发挥经济作用的最基本条件；稀缺性是组织资本创造竞争优势的必要条件，但并不是充分条件。为了维持竞争优势，还需要事后竞争限制，也就是异质性。假如没有事后竞争限制而只有价值性和稀缺性，那么企业只能拥有短期的或能够被其他企业所轻易模仿或替代的竞争优势。企业组织资本对持续竞争优势的作用模式，如图2-1所示。

第 2 章 组织资本的价值创造机理

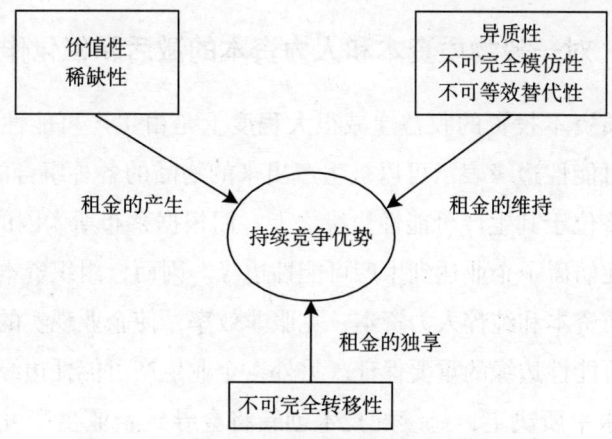

图 2-1 组织资本对企业竞争优势的作用模式

2.3 组织资本价值创造能力评价

2.3.1 组织资本的价值创造途径

组织资本是企业组织的一种协作机制、一种整合机制、一种协调机制，在企业管理运作的每一个阶段、每一个环节它都在发挥着作用。组织资本的优劣直接反映了企业开发人力资源和对知识进行管理运用的能力，它可以将个人所专有的知识、经验转化为集体所拥有的财富。组织资本就像化学反应中的催化剂，可以使各类要素（尤其是人的要素）迅速处于激活状态并持续地为组织做出贡献。同时，组织资本作为企业内部的组织性资产，也是由企业人力资源"上下同欲"、共同贡献的结果，并且这种贡献所促成的优质组织资本反过来也会进一步增强员工为企业做贡献的愿望，最终在组织平台上形成一组组闭环，在相互推进的过程中不断地螺旋式上升，实现企业和员工的共同成长。

2.3.1.1 对一般物质资本和人力资本的激活和催化作用

一般物质资本投资的收益递减很大程度上是由生产可能性边缘所决定的，而生产可能性边缘表示可以被生产出来的物品的各种组合的外部界限，有效率的经济位于其生产可能性边缘之上。而根据莱布斯太因的观点，X—非效率的存在妨碍了企业达到生产可能性边缘。因而，组织资本投资就成为激活企业物质资本和纯粹人力资本，克服非效率，使企业现实的经济活动尽量逼近生产可能性边缘的重要保证。另外，企业生产可能性边缘的位置主要由它的技术水平所决定，持续的技术创新将会导致企业生产可能性边缘外移，从而提高企业的经济效益；而创新离不开组织资本的催化作用，即只有组织内部目标、制度和文化的协调作用才能将物质资本和人力资本调动到实现企业技术创新的方向上来。因此，组织资本能够充分发挥企业中一般物质资本和人力资本的作用。

2.3.1.2 对人力资本的提升作用

组织资本作为对人力资本的一种整合机制，可以促进组织中个人拥有的人力资本向组织拥有的知识转换，形成组织知识积累和知识创新的有效路径。单个员工所能掌握的知识和技能总是非常有限的，组织的整合机制首先就成为其员工之间的一种合作方式，让不同员工的知识和技能得以交流和分享，从而使个人之间的知识融合互补，提高员工知识的利用率。组织的整合机制是一种知识转换机制，让员工的个人知识即隐含的知识在使用的过程中外化为共享的知识，在知识的共享过程中，固化为组织本身拥有的知识和能力。组织的整合机制还是一种学习机制，在生产和运作过程中对不断出现的新问题的认识与解决，使员工获得"干中学"的机会；另外，组织与外部的交流、有规划地组织学习等都是组织的学习机制。在组织资本的作用下，组织会减少对个别员工的依赖程度，增加组织本身的知识，从而提高组织的运作能力和创新能力。

2.3.1.3 凝聚人才和促进企业成长的作用

组织资本的专用性说明组织资本的投资存在退出壁垒，这对企业来说构成一种特殊的抵押，在企业物质资本与人力资本的契约关系中起到促进企业成长、稳定劳资关系的作用。首先，它激励员工将自己的个人利益与企业利益联系起来，产生长远预期。既然组织资本投资不易退出，为保护自己的切身利益，就必须努力让企业稳定成长，只有这样组织投资回报才能确保。其次，促使企业的经营活动着眼于长远目标。组织资本的形成和积累需要较长的时间，而一旦形成则成为企业核心能力的重要组成部分，不易被模仿，可享有长时期的独占收益。

组织资本的表现形式多样，它既可以蕴涵在企业的组织机构、制度规范、企业文化之中，也可以体现为企业的价值体系、创新机制、激励模式、学习能力、团队精神，等等，并且主要是通过信息传递和相互沟通的方式来影响每个员工的行为，继而在整体上影响企业的经济绩效和竞争能力。我们可以通过图 2-2 来考察组织资本发挥作用的过程。

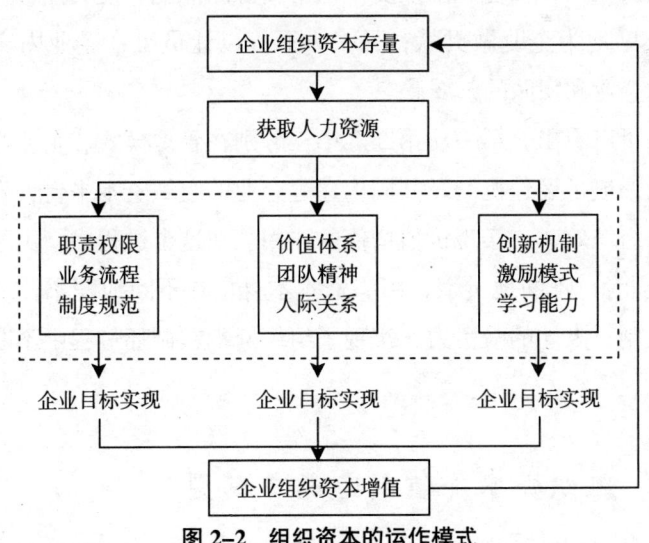

图 2-2　组织资本的运作模式

企业组织资本管理——基于价值创造的视角

第一，每个企业在某个时点都有一定的组织资本存量，它直接决定着对人力资源的吸引力。企业在创业初期，由于尚未形成良好的内部管理模式，企业组织能力有限，组织资本较低，缺乏对优秀人才的吸引力，并且内部人员的流动性较大；但伴随着企业的成长，企业内部管理模式日益成熟，组织系统效率不断提升，积累了大量的组织资本，在人才市场上也就具备了较强的吸引力，同时内部员工更愿意留在企业里实现自我价值。

第二，被企业所吸纳的人力资源如果不能被企业的协调机制有效管理和整合，就不能变成企业的财富。因此，企业必须在内部建立起权责界定清晰、流程运行顺畅、规范执行得力的制度化管理模式，使每个员工的行为都成为对企业、对他人有价值的社会性协作行为。尤其是对于从创业期走向快速成长期的企业，一定要注重企业从"人治"向"法治"的转化和过渡，向员工灌输规范化、科学化管理的基本理念，并使员工养成通过制度来解决企业问题的工作习惯，真正实现向管理要效益。

第三，企业发展的前提一定是员工在企业中能够得到持续成长，因此，必须在企业内部建立良好的创新机制、激励模式和学习能力。这样一方面能有效地调动员工的积极性，激发员工人力资源的潜能，使其能够伴随企业成长而持续不断地为企业做贡献；另一方面可以让员工在企业内实现自我价值，增强对企业和团队的归属感。

第四，可以看出，第一、第二、第三分别在管理模式、企业文化和员工成长等方面形成了运作机制，共同构建起企业的组织资本平台，发挥着整合资源、提升组织效率、实现价值增值的作用。在这个过程中，由于人力资源（尤其是管理者）不断地贡献，组织资本本身也在不断地积累，从而更加提升了企业机制对人才的吸引力，实现了组织资本在循环过程中不断增值的闭环运作模式。

2.3.2 组织资本价值创造能力模型

由于组织资本与企业价值联系的紧密性，企业已从传统的重视有形资产转而关注组织资本。组织资本实现企业价值增值的过程可借助 Porter 提出的价值链进行阐述。传统的价值链描述的是不同的业务活动对企业价值的贡献，组织资本的价值链则是由一系列相互衔接的组织资本增值活动构成，包括从组织资本存量的积累到组织资本有效管理的全过程。图 2-3 表示了组织资本的价值链构成。

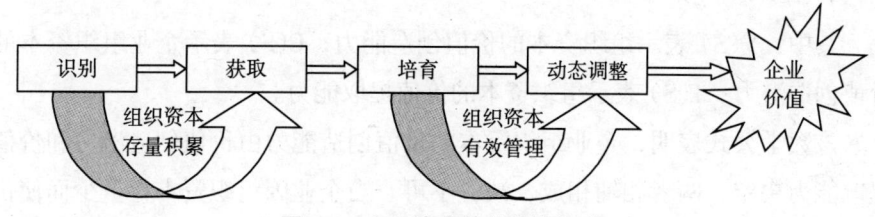

图 2-3 组织资本的价值链构成

2.3.2.1 组织资本存量积累

组织资本虽然是无形的，但作为一种资本，组织资本并不是凭空而来的，它需要企业有意识地加以获取和培养。俗话说，"巧妇难为无米之炊"，企业若没有组织资本或组织资本量很小，即使管理再得当，它也未必能为企业带来价值。组织资本存量的积累是创造企业价值的必要条件。

2.3.2.2 组织资本的使用

获得组织资本只是运用组织资本创造企业价值的第一步，企业价值的增长不仅取决于企业所拥有的组织资本存量，还取决于这些组织资本如何被使用。组织资本的使用在很大程度上可以归结为管理问题。例如，20 世纪 80 年代 IBM 公司组织资本存量十分丰富，但并没有使它在与微软等新兴企业的竞争中取得优势。由此可见，存量只是创造价值的充分条件，并不是充要条件。从另一个角度来讲，尽管组织资本具有相对的稳定性，但是它也会贬值。如果管理不得当，品牌将会老化，技术诀窍会过时，组织结构也会变得呆板，以致难以适应新的环境。因此，一套有效的管理组织资本的方法是公司持续获得竞争优势并创造价值的关键。

组织资本的价值链分析将组织资本创造企业价值的过程分为了存量积累和使用两个阶段，不同企业在这两个阶段的状态会有很大差别，导致企业从组织资本中获取企业价值的能力也相应不同。与组织资本的价值链相对应，我们将这种能力细分为两种：一是价值创造潜力，二是价值提取能力。因此，组织资本的价值创造能力评价模型可描述为：

V(S) = C(S) × T(S)

其中：V(S) 表示组织资本的价值创造能力；C(S) 表示企业组织资本的价值创造潜力；T(S) 表示组织资本的价值提取能力。

该数学公式表明，企业组织资本的价值创造能力由价值创造潜力和价值提取能力决定，两者相辅相成，缺一不可。当企业因组织资本存量少而使价值创造潜力低时，即使企业组织资本管理再有效率，组织资本价值提取能力再强，也只能是无米之炊；反之亦然，纵使企业组织资本存量多，价值创造潜力大，若组织资本价值提取能力低，同样不能创造更高的企业价值。因此企业应从两方面入手提高组织资本的价值创造能力，一方面增加企业组织资本的存量，组织资本存量决定了企业在解决发展问题时的知识选择范围；另一方面有效管理组织资本存量，选择最佳的知识组合，以创造更高的企业价值。

2.4 组织资本价值创造能力的决定因素

2.4.1 组织资本价值创造潜力的决定因素

组织资本的价值创造潜力是指企业所拥有的，一定时期表现为显性或隐性状态的，经过有效管理可以挖掘出来的组织资本创造价值的能力。从组织资本的价值创造机理来看，其价值创造潜力的大小主要由组织资本的静态存量、动态流量两个因素决定。

2.4.1.1 组织资本静态存量

组织资本价值创造潜力是一个动态概念，其动态特征使得价值创造潜力的大小不仅取决于企业目前拥有的组织资本数量，还取决于企业未来持续生产组织资本的能力。尽管如此，组织资本的静态存量，即企业在某一时点的组织资本数量，是决定组织资本能够创造多少企业价值的重要因素之一。

企业对未来的把握取决于企业的组织资本积累状况，实现组织资本积累是企业提高效率的根本途径。在企业内部，组织资本的形成机制是否完善是决定企业能否拥有竞争优势的关键。组织中产生的各类知识通过在个人和组织之间的转移、扩散而产生价值，在这个过程中形成了组织资本。组织资本的形成机制可以解释为一个由知识的产生开始，经历在组织内部从个体、团队、组织和组织之间的转移达到知识融合、共享和增值，最后转化为企业竞争优势基础的过程。

知识的隐性和动态的特点又进一步决定了企业组织资本的形成。组织知识产生价值需要通过外显化等方式促使隐性知识发挥作用，在个体、团队、组织之间传递，同时显性知识和隐性知识又相互作用并不断超越而产生新的知识。这就是说，组织知识的资本化过程实质上是组织内部知识的产生和转移过程。企业由此而获得持续的竞争优势。同时，知识的传递和转移需要企业员工之间的协作，人力资本的组织依赖性体现了人力资本与特定组织的相互依赖关系。因此，关键在于要有一种能够让组织成员将其所拥有的知识、技能作用发挥出来的组织环境、氛围或机制，即组织资本存量。

另外，企业的增量组织资本严格依赖于企业的存量组织资本，这就是所表现出的组织资本路径依赖性或历史依赖性。如果企业的某一存量组织资本为企业创造了竞争优势，那么，这种优势将随着企业增量组织资本的产生得以保持，体现出竞争优势的可持续性或者竞争优势的自增强性。企业内部各种资源效用发挥程度上的差别，即企业能力的差别，都是由企业现有的组织资本存量所决定的，能力差别的背后实际上是组织资本存量的差别，能力是组织资本存量的显在表现,没有组织资本的支撑,能力将会成为无源之水、无本之木。因此,组织资本存量是影响价值创造潜力的重要因素。

2.4.1.2 组织资本动态增量

随着知识经济的到来和竞争环境及竞争规则的变化,新的知识不断涌现,旧的知识不断被淘汰。企业要保持自己长久的竞争优势,必须具备不断学习的能力,使组织资本能够动态地更新,即企业要成为学习型组织。

建立学习型组织目的是在不确定性的经济环境中使企业保持一定的应变能力。知识是会随时间的推移而贬值的,或者说随着环境的变化,原有的知识会不适用。因此,不断地学习新知识,不断地更新组织资本的知识体系,才能保持持久的竞争优势。壳牌石油公司企划主任德格(Arie De Geus)说过:"唯一持久的竞争优势,或许是具备比你的竞争对手学习得更快的能力。"可见,企业竞争优势的一个突出表现就是企业的知识学习能力,知识学习能力是开拓新的竞争优势的根本。知识学习能力决定了企业的组织资本更新速度,从而决定了企业的竞争优势。企业的组织资本就是在知识的不断累积与更新过程中形成的。无论组织资本表现在哪方面,企业通过大量知识学习,建立良好的心智模式,以不断适应变化的环境,使竞争优势得以维持,都是十分必要的。知识学习、组织资本与持续竞争优势的关系见图2-4。

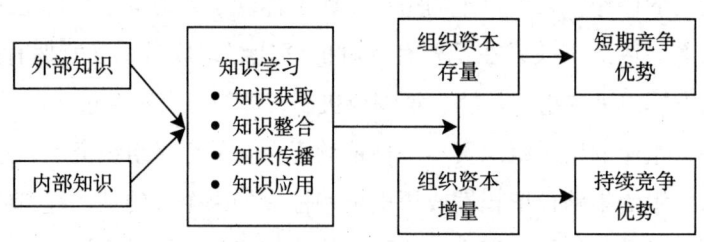

图2-4 知识学习、组织资本与持续竞争优势的关系

图2-4明确指出了知识学习对企业组织资本更新、获取持续竞争优势的作用机理。为了获得持续的竞争优势,企业必须通过知识学习,不断地培育

组织资本。在此过程中，不仅要求企业不断地巩固组织资本，必要时也要能够消除已有的组织资本，防止其向刚性方向转化，从而形成组织资本动态更新的良性循环。组织资本来自企业组织的共同学习，来自实践和经验的传递。组织资本是通过企业内部的独特资源、知识和技术的积累与整合形成的。通过这一系列有效积累与整合，使企业具备了独特的、持续的竞争力。

企业组织资本的本质是企业组织所掌握的知识，具体表现为知识和经验，这些知识和经验通过不断的知识学习而得到更新，形成了企业组织资本的动态增长。从这个意义上说，组织资本的培育与知识学习是不可分割的。如果把组织中的个人通过学习获得的知识和经验称为个体知识，那么企业组织中一个团队通过学习而形成的知识体系就构成某一方面的知识，而整个企业组织的学习则整合了企业各方面知识，形成了企业组织资本。知识学习是使企业的个体知识向组织知识转化，并最终形成组织资本的必要手段。知识、经验技能和失败教训的共享，是企业知识学习的主要内容，通过知识共享可以使个人的知识和技能转化为组织的知识和技能。企业竞争优势的一个突出表现是企业的知识学习能力，知识学习能力是开拓新的竞争优势的基础。由于企业的竞争优势来源于组织资本，组织资本表现为一些知识和技能，这些知识和技能只有通过不断的知识学习而得到更新，因此组织资本的培育和知识学习是不可分割的。知识学习是一个企业获取、整合、传播和应用知识的过程，是对存在于企业内外的知识加以收集、存储、传播、运用并融合的一系列活动。通过有组织的学习可以促进个人知识和技能向组织的知识和技能转化，知识和技能聚焦形成组织资本，从而产生更大的合力。通过有组织的学习，使企业个体和群体之间能够高效率地理解和交流知识。

知识经济时代，传统竞争优势的来源诸如劳动力成本、资本成本以及原材料等对企业竞争优势形成的决定性越来越弱化，知识作为一种独特而又无限的资源已经成为企业获得竞争优势的根源。企业是一个知识的集合体，企业的组织资本存量决定了企业配置资源与创新活动的能力，知识学习能力成为企业构筑竞争优势的关键。

2.4.2 组织资本价值提取能力的决定因素

企业获得了足够数量的组织资本并不能保证这些组织资本具有的价值创造潜力都能转化为现实，组织资本的价值创造潜力会因使用中的差别而被降低或者放大，使得同样的组织资本存量最终形成不同的价值贡献。因此，组织资本对企业价值的实际贡献等于价值创造潜力和价值提取能力的乘积。我们的研究表明，企业的战略匹配程度决定了企业组织资本价值提取能力。

企业战略是以企业的生存发展作为起点和归宿，是对企业所拥有的资源进行分配和调整的决策依据。企业战略的意义在于它能为企业树立一个长远目标，这将成为企业一切决策活动的准则，促使企业将目前的活动与未来的目标结合起来，避免短期行为，同时使企业能够在顺利和失败的境况中，正确地分析形势，采取正确的策略。

战略管理的实质是使企业的组织资本与外部环境所提供的机会和威胁相配合，战略实施作为企业组织资本与外部环境相连接的中间环节，决定了企业战略是组织资本价值提取的关键。企业在发展过程中，在不同的阶段将其战略不断更新，组织资本也在不断的积累。企业在制定战略时，必须充分预测未来的环境、组织资本的变化，并对组织资本进行必要的、合理的配置。战略和战略更新应该与组织资本的配置有效匹配。企业的战略实施与组织资本的匹配受外界复杂多变的环境的影响，是个动态的匹配过程。

竞争优势的创造是一个持续的循环过程。一方面，企业通过制定有效的竞争战略，充分利用企业的组织资本最大限度地利用机会并回避威胁，创造竞争优势；另一方面，企业外部竞争环境通过作用于企业战略和竞争优势，对企业组织资本开发产生影响。企业在评价战略实施效果过程中，通过及时把握环境的变化和战略实施效果的反馈信息，及时与企业现有的组织资本存量进行比较，以确定创造新竞争优势的组织资本缺口，并用此前竞争优势产生的利润进行新的资金、人力和技术投资。实现竞争优势持续更新目标的关键在于对现有组织资本进行更新,以适应外部环境的快速而连续的变化。组织资本更新过程可以通过下列做法加以实现:调整现有组织结构;不断改善或更新现有工作流程;加强组织学习;为促进人力资本向组织资本转化进行投资等。因此,处于一个持续变化的环境中,企业需要保持压力,为下一轮竞争创造持久竞争优势。

战略制定的本质是设计一项战略使企业的组织资本优势与劣势同环境的机会和威胁匹配起来,以最有效率地利用关键组织资本创造既定的竞争优势。因此,根据内部组织分析和外部环境分析两个维度,企业可以形成一个组织资本/市场战略矩阵,包括使用组织资本优势利用市场机会(SO 战略)和避免市场威胁(ST 战略)、通过开发新的组织资本克服内部劣势利用市场机会(WO 战略)和最小化劣势并避免威胁(WT 战略)。

实际上,公司战略为动态外部环境和内部组织资本优势搭建了一座桥梁,使企业能够在动态环境中不断地提取组织资本价值,实现竞争优势的持续更新。因此,企业战略制定不是一个静态过程,而是根据外部环境的不断变化和企业组织资本的不断开发,持续地进行动态调整,是一个根据实施结果的反馈信息不断调整正在实施战略的循环过程。

战略犹如一把双刃剑,既可以起正向作用,也可以起负向作用。当企业所选择的战略与自身的组织资本相匹配时,就可以通过战略的正确运用和资源的合理配置,使企业竞争优势达到最佳状态,实现 1 + 1 > 2 的效果。反之,不但不能给企业带来效益,还可能损害组织资本。

第3章 组织资本价值创造潜力提升途径

企业组织资本价值创造潜力提升存在两种路径选择：一是以现有知识资源与能力开发和利用为主，通过知识学习谋取组织资本存量的递增；二是以未来知识资源与能力探索为主，通过组织创新赢得组织资本流量的递增。组织创新引导知识学习变化的方向与范围，而知识学习也保证了企业组织创新的顺利进行，两者相互影响并共同推动企业组织资本增长。本章将借助 Bass 模型揭示企业组织资本增长的内在规律，并将组织资本引入企业价值模型，通过对模型动态分析求出组织资本的最优增长路径。

3.1 企业组织资本增长模型

3.1.1 企业知识系统演化

企业知识理论认为，在生产过程中最重要的投入要素是知识，企业是生产性知识的集合体。但知识又是由个人掌握的，并专业化于某一特殊领域，知识获取比使用需要更强的专业化，因此知识的专业性决定了生产活动需要拥有各种不同类型知识的个别专家的共同协作和努力。有效的生产系统要求存在着某一制度能起到协调个别专业人员知识的功能。然而，市场并不能承担这种协调作用，因为市场在协调过程中因默示性知识的不可流动性和潜在购买者占用明晰性知识的风险而失效。这样，企业作为整合知识的制度而存在。因为这种制度能够创造使多个个体集中使用其各自拥有专业知识的环境和条件，这实际上就是默示性知识的交流、转移与共享等所需要的环境和条件。也就是说，企业是生产活动所需知识的获得、运用和积聚的有效制度，尤其是它通过提供大规模的增量学习过程使得部分生产所需的默示性知识得以积聚。

由于企业中知识的积聚是拥有各种专业知识的多个个体在生产过程中相互作用的结果，所以，由此形成的有关组织资本是企业拥有的而不是主要被个体所拥有的。这些知识体现在企业的惯例之中，惯例可能被看作是"一个组织技能的集合"，包括了"一个组织得以构建和在其中得以运营的行事方式、规则、程序、习惯、战略和技术"。企业组织资本的形成过程实质上是知识在企业内部社会化的过程。正是管理的存在决定了企业这一制度在生产过程中协调个体知识和组织合作方面具有比市场更高的效率，也决定了企业成长过程中呈现出路径依赖的特征。

由以上分析可以看出，企业的存在是为了积累与利用知识与技能，而不仅仅是为了节约交易费用。当然，这两者并不是相互排斥，而是相互补充的。前者从管理学的角度，而后者是从经济学的角度来考察企业组织的。只有将这两种理论相融合，才能对企业的本质有全面和深刻的认识。

企业组织资本增长过程是一个由知识存量与流量构成的开放的组织知识演化系统，企业现有经验知识水平对组织资本的稳定性起着积极作用，企业通过组织创新选择改变组织知识的语境与演化路径，这种"动态能力"不仅塑造了企业组织资本增长的路径，也增加了企业组织资本动态演化的稳定性。从某种程度上，组织资本是具有一定发展方向的企业有机知识子系统自我演化产生的结果，而指导"动态能力"发展的主要是来自组织创新。组织创新引导知识学习变化的方向与范围，而知识学习也保证了企业组织创新的顺利进行，两者相互影响并共同推动企业组织资本增长。

3.1.2 企业组织资本增长模型的构建

由于组织知识活动不仅与知识学习和组织创新密切联系,而且,企业知识学习的知识子系统和组织创新的知识子系统构成了企业内外知识创新体系,正是这种组织知识系统演化形成了企业组织资本增长动力学。企业组织资本增长与组织知识创新扩散的过程相一致,组织知识创新是知识学习推动与组织创新拉动共同作用的结果。因此,企业组织资本增长实质上是组织知识系统的非线性活动过程,知识扩散是指知识不断创造和利用的过程。在企业知识系统中组织内外知识扩散紧密联系,外部知识扩散是企业适应外部环境的过程即新知识引入的过程,内部知识扩散是组织内知识创新或增加的过程。设知识学习以内部知识创新为主,而组织创新则是以外部知识扩散为主,知识扩散模型认为,知识创新与 t 时刻企业潜在知识量成正比,则:

$$\frac{ds(t)}{dt} = k(t)(1 - \frac{s(t)}{k}) \tag{3-1}$$

其中,s(t) 是指在 t 时刻的企业组织知识存量 ($0 \leq s(t) \leq k$);k 是指某企业的潜在组织知识容量,即企业在一定时期所能够接受与理解的知识饱和度;k(t) 代表知识扩散系数。显然,扩散系数 k(t) 受到系统中的知识学习与组织创新两种力量影响。

假设促进企业组织知识增长的所有知识创新都来自组织创新,并且组织创新对企业组织知识增长的影响系数为 a,即 k(t) = a,则由式(3-1)得:

$$\frac{ds(t)}{dt} = a(1 - \frac{s(t)}{k}) \tag{3-2}$$

对式(3-2)积分得:

$$s(t) = k(1 - e^{-at}) \tag{3-3}$$

与外部影响力量的组织创新模型相比,知识学习模型则通过企业内部知识子系统自我演进产生知识创新与扩散的结果,这种组织知识增长与现有的组织知识存量相关,并且假设与其成正比例,设 b 为企业内部的组织知识增长系数且为常数，则知识学习对企业组织知识增长的影响系数 $k(t) = bs(t)$，代入式 (3-1) 得：

$$\frac{ds(t)}{dt} = bs(t)(1 - \frac{s(t)}{k}) \tag{3-4}$$

对式 (3-2) 积分得：

$$s(t) = \frac{k}{1 + ce^{-bt}} \tag{3-5}$$

其中，c 为常数。显然这种知识学习作用的模型具有明显的 Logistic 形式，在最大值时，组织知识增长达到 50%的饱和度，且具有对称性质。

企业组织资本增长实际上是内外力量共同作用下的知识创新所推动的，企业知识系统是开放的知识创新体系，于是，知识创新度为 $k(t) = a + bs(t)$，代入式 (3-1) 得：

$$\frac{ds(t)}{dt} = (a + bs(t))(1 - \frac{s(t)}{k}) \tag{3-6}$$

对式 (3-6) 积分得到企业组织资本增长的知识积累函数：

$$s(t) = \frac{k(1 - e^{-(a+b)t})}{1 + \frac{b}{a}e^{-(a+b)t}} \tag{3-7}$$

这样，我们就得到了经典的 Bass 模型，其中，a 表示组织创新对企业组织资本的影响系数，b 表示知识学习对企业组织资本的影响系数。

对式 (3-6) 求导可得式 (3-7) 的二阶导数函数：

$$\frac{d^2s(t)}{dt^2} = \left[b - \frac{(a + 2bs(t))}{k}\right]\frac{ds(t)}{dt} \tag{3-8}$$

令 $\frac{d^2s(t)}{dt^2} = 0$，当 $\frac{ds(t)}{dt} \neq 0$ 时，得：

$$s(t_m) = \frac{bk - a}{2b} \tag{3-9}$$

式 (3-9) 为式 (3-6) 的驻点或式 (3-7) 的拐点，即企业组织资本增长曲线在 $t = t_m$ 处由凹变凸；由式 (3-9) 可知 $s(t_m)$ 为企业组织资本增长曲线上斜率最大的点。显然，$s(t)$ 是单调递增函数，当 $t \geq t_m$ 时增长速度越来越慢，最后趋于一个有限值 k（通常称为饱和值），如图 3-1 所示。由式

(3-7) 可知，当 t→∞ 时，s(t)→k，且单调递增，当 s(t) 增长到时 t≥t_m，受现有组织模式制约，企业组织资本增长趋缓。但是，随着企业组织模式的调整，a、b 的值发生变化，意味着企业组织资本孕育着向新一轮增长的转变。

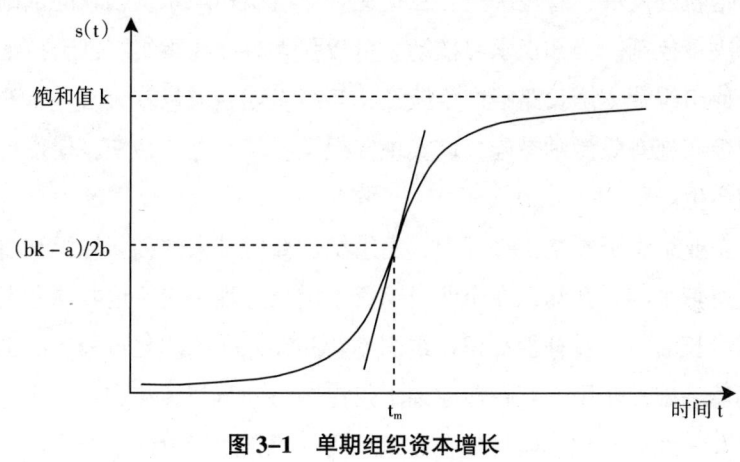

图 3-1　单期组织资本增长

3.2　组织资本增长中知识学习与组织创新的互动

企业是一个开放的知识系统，本章运用 Bass 模型探索企业组织资本增长的规律，而且企业组织资本增长实际上是"自主成长"曲线与"强迫成长"曲线构成双绞线战略，使企业内外环境变化得以协调发展，所以，企业组织资本价值创造潜力提升战略应该采用知识学习推动和组织创新拉动交织的双绞线战略。单一依赖组织创新或者知识学习是不可能为企业创造持续竞争优势的。在企业稳定成长期，企业强调知识学习可能导致"组织近视"和"竞争力陷阱"；而当企业处于内外不稳定时期，企业一般强调组织创新往往依赖于企业的战略预见力。因此，过分关注市场环境的组织创新，导致知识创新多样化，大大地提高了企业组织资本增长的不确定性。同样，过分关注知识学习，往往偏离企业实际与市场环境相互作用过程中所产生的企业组织资本增长轨迹，最终使企业组织资本走向衰退。

组织创新与知识学习在创造企业组织资本增长过程中是一种互补关系，既相互促进又相互制约，所以，企业组织资本增长的根本在于其能够按照潜在的一定轨迹发展，管理决策者在把握企业组织知识系统创新的基础上，实施动态决策控制。当知识学习推动力量较强大时，注重组织创新拉动的知识创新，使组织资本增长路径产生跃迁；当组织创新力量较大时，企业决策者应该积极实施有效激励措施，以实现知识学习的改进与转变，促使持续竞争优势的产生。

在企业组织资本增长过程中，由组织创新所带来的创新知识和由知识学习改进所带来的创新知识在企业组织资本增长过程中交错地共同激发企业组织资本增长活力。互补性知识在组织创新和知识学习演化过程中的创造协同效应起着基础性作用，互补性原理不仅使知识创新与转移和企业实际决策的战略具有一致性变化，而且使企业组织资本增长的双绞线不断收敛，促使适当的组织创新与知识学习变化产生"战略共振"。由于互补性原理强调了变化与绩效之间存在明显的 J 曲线关系，即在变化初期，新组织模式不如现有组织模式对企业组织资本增长的贡献大，而且在组织模式转变过程初期，即使在协同效应存在的情况下，企业组织资本也会出现暂时下降。同时，知识创新活动提高了企业在组织资本增长过程中对市场环境的反应能力，并进一步促进了组织资本的增长能力。在企业组织创新初期，知识学习在旧组织模式的保护下得到成功转变，新组织模式的知识学习赢得时间并得以强大，而旧组织模式在适当的时机进行剥离或者重构。这就构成了企业组织资本增长的 S 形曲线，即先凹后凸的函数曲线。企业组织资本增长又进入新一轮周期的初创期，即成长曲线从凸性转变为凹性，这与上一轮周期在结构上是同构的。所以，企业组织资本增长表现为准周期性，如图 3-2 所示。

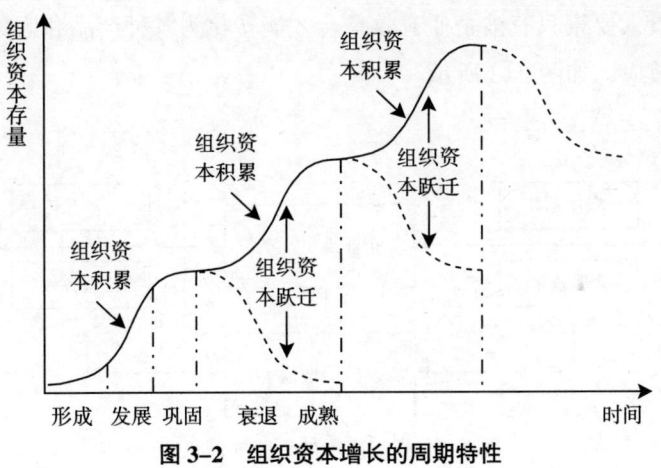

图 3-2 组织资本增长的周期特性

3.3 企业价值视角下组织资本最优增长路径

在知识经济背景下,企业应对日趋激烈的市场竞争的法宝是培育、获取核心竞争优势,而组织资本是核心竞争优势的基础与源泉。如果说物质资本与人力资本是企业生产过程中必不可少的投入要素,组织资本则是将物质资本与人力资本有效融合的更高层次的投入要素;如果前者是"硬"要素,则后者是"软"要素。企业生产经营和管理活动的实践过程中积累的组织资本越多,则企业越具有盈利能力与可持续发展能力,企业价值越高。

组织资本的存量决定了企业配置资源的能力,组织资本的增长、更新则决定了企业未来的竞争能力。拥有独特并富有活力的组织资本是企业保持竞争优势的根本。但如何使企业组织资本的价值始终保持,关键在于有效地更新组织资本。

企业作为一种经济组织,只有当产出大于投入,即不断产生经济利润和价值增值时,企业才可能持续发展。对于企业而言,投入要素是各种资源,其中既包括传统的物质资本,如资金、土地、厂房等,也包括各类人力资本。这些投入要素只有被企业有效整合才能转化为各种产品和服务，实现资本的增值效应，如图 3-3 所示。

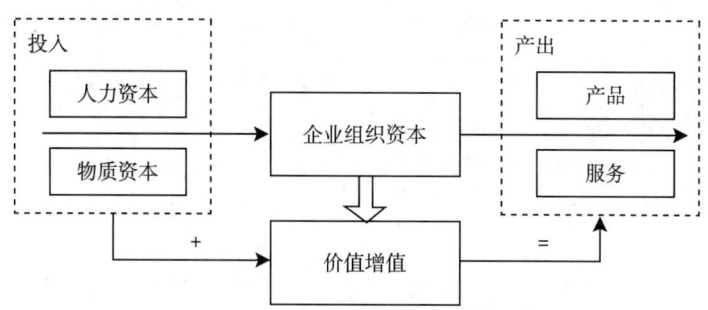

图 3-3 组织资本的价值创造机理

从图 3-3 可以看出，组织资本并不是企业价值增值过程中的直接投入要素，但组织资本为人力资本与物质资本的有效整合提供了支持与保障。由于人力资本对组织的依赖性，没有企业与员工之间的协作就不能实现人力资本的增值，人力资本不与物质资本结合就不能发挥作用，正是组织资本为人力资本与企业、人力资本与物质资本的结合搭起了桥梁。有效的组织结构设计、适当的集权与分权，与企业历史、组织规模、经营领域相适应的企业文化以及先进的企业知识资产等都有助于激发员工学习与工作的积极性与创造力，从而有利于企业人力资本存量的提高及其价值的实现，为人力资本创造知识、发挥知识增值作用提供环境支持。组织资本对人力资本的这种外部效应，使得企业价值最大化问题的内涵发生了巨大变化。引入组织资本后，企业价值最大化问题变成了动态模式。

3.3.1 企业价值模型

本书将企业价值定义为企业各期利润的折现值。为了集中考虑组织资本对企业价值的影响，我们假设企业在每期的投资总额相等，并假设物质资本以固定速率 $\gamma > 0$ 增长。

我们将企业的生产函数定义为 $Y(t) = A \cdot f[K(t), H(t)]$。产出水平 $Y(t)$ 依赖于技术水平 A，物质资本投入 $K(t)$，以及人力资本投入 $H(t)$。企业规

第3章 组织资本价值创造潜力提升途径

模收益不变,所有投入要素的边际收益递减且为正。

企业规模收益不变,所以上述函数是一次齐次的。假设 $y(t) = Y(t)/K(t)$ 表示每单位物质资本的平均产出,$h(t) = H(t)/K(t)$ 表示每单位物质资本的平均人力资本存量,则生产函数的密集形式可表示为 $y(t) = A \cdot f[h(t)]$,其中 $f'(t) > 0$,$f''(t) < 0$。

假设 $I_k(t)$ 表示对物质资本的投资,$\delta_k > 0$ 表示物质资本的贬值率,则物质资本的积累过程可用以下微分方程表示:

$$\dot{K}(t) = I_k(t) - \delta_k \cdot K(t) \tag{3-10}$$

在生产经营过程中,企业通过对组织资本的投资获得新的知识、技能和经验,就是说企业组织资本的增量表现为组织新增加的特有资源或资产。这些新增加的资源或资产与企业投入要素相结合,能够为企业创造更多的利润和价值增值。

假设 $S(t)$ 表示组织资本存量,$I_s(t)$ 表示对组织资本的投资,$\delta_s > 0$ 表示组织资本的贬值率,则组织资本积累的动态方程为:

$$\dot{S}(t) = I_s(t) - \delta_s \cdot S(t) \tag{3-11}$$

通过对组织资本价值创造机理的分析,我们得知组织资本对产出的贡献源自其对人力资本的外部效应。组织资本通过激发员工的价值创造潜力,提高了企业的人力资本存量。显然,组织资本对人力资本积累的影响也遵循边际递减规则,即组织资本存量越高,则额外一单位组织资本的增加所引起的人力资本增加的幅度越小。

假设 $I_h(t)$ 表示对人力资本的投资,$\delta_h > 0$ 表示人力资本的贬值率,则人力资本的积累过程可表示为:

$$\dot{H}(t) = I_h(t) \cdot s(t)^\varepsilon - \delta_h \cdot H(t) \tag{3-12}$$

其中,$s(t) = S(t)/K(t)$ 表示每单位物质资本的平均组织资本存量,$\varepsilon \in (0, 1)$。

根据式(3-12)得知,人力资本的增长除与企业对人力资本的投资相关,还与企业的组织资本存量相关。参数 ε 体现了组织资本对人力资本积累作用的边际递减效应。

同样，以密集形式表示对各种投入要素的投资，$i_k(t) = I_k(t)/K(t)$，$i_s(t) = I_s(t)/S(t)$，$i_h(t) = I_h(t)/H(t)$。物质资本以固定速率 γ 增长，因而 $i_k(t) = \gamma + \delta_k$ 为常量。式（3-11）与式（3-12）可分别表示为：

$$\dot{s}(t) = [i_s(t) - \delta_s - \gamma] \cdot s(t) \tag{3-13}$$

$$\dot{h}(t) = [i_h(t) \cdot s(t)^\varepsilon - \delta_h - \gamma] \cdot h(t) \tag{3-14}$$

企业的每期利润函数为 $\prod(t) = Y(t) - I_k(t) - I_h(t) - I_s(t)$。每单位物质资本的平均利润为：

$$\pi(t) = A \cdot f[h(t)] - \gamma - \delta_k - i_h(t) \cdot h(t) - i_s(t) \cdot s(t) \tag{3-15}$$

其中，$\pi(t) = \prod(t)/K(t)$。显然，企业的每期利润由 $i_s(t)$、$i_h(t)$、$s(t)$ 和 $h(t)$ 决定，其中 $i_s(t)$ 和 $i_h(t)$ 是可控的，企业可以根据每期利润最优化目标调整人力资本和组织资本投资，$s(t)$ 和 $h(t)$ 是由式（3-13）和式（3-14）决定的状态变量。设时间偏好率为 $\rho > 0$，则企业价值最优模型可表示为：

$$\text{Max} \int_0^{+\infty} \pi(t) \cdot e^{-\rho t} dt。$$

为了使目标函数 $\int_0^{+\infty} \pi(t) \cdot e^{-\rho t} dt$ 达到最大值，我们引入哈密顿函数：

$$H(t) = \pi(t) + \lambda_h(t) \cdot [i_h(t) \cdot s(t)^\varepsilon - \delta_h - \gamma] \cdot h(t)$$
$$+ \lambda_s(t) \cdot [i_s(t) - \delta_s - \gamma] \cdot s(t) \tag{3-16}$$

其中，$\lambda_s(t)$、$\lambda_h(t)$ 分别表示 $h(t)$、$s(t)$ 的影子价格，即在 t 时刻状态变量增加一单位所带来的最优值的改变是多少单位。

企业价值最优决策的一阶条件为：

$$H_{i_h} = 0 \Rightarrow \lambda_h(t) = s(t)^{-\varepsilon} \tag{3-17}$$

$$H_{i_s} = 0 \Rightarrow \lambda_s(t) = 1 \tag{3-18}$$

$$\dot{\lambda}_h(t) = [\rho + \delta_h + \gamma - i_h(t) \cdot s(t)^\varepsilon] \cdot \lambda_h(t) - A \cdot f' + i_h(t) \tag{3-19}$$

$$\dot{\lambda}_s(t) = [\rho + \delta_s + \gamma - i_s(t)] \cdot p_s(t) - \varepsilon \cdot i_h(t) \cdot h(t) \cdot s(t)^{\varepsilon-1} \cdot \lambda_h(t) + i_s(t) \tag{3-20}$$

横截性条件为：

$$\lim_{t \to +\infty} \lambda_h(t) \cdot e^{-\rho t} \cdot h(t) = 0 \qquad (3-21)$$

$$\lim_{t \to +\infty} \lambda_s(t) \cdot e^{-\rho t} \cdot s(t) = 0 \qquad (3-22)$$

$\lambda_s(t) = 1$ 推出 $\dot{\lambda}_s(t) = 0$，根据式（3-20）可以得出：

$$i_h(t) = \frac{\rho + \delta_s + \gamma}{\varepsilon} \cdot \frac{s(t)}{h(t)} \qquad (3-23)$$

对式（3-17）求导得：

$$\dot{\lambda}_h(t) = -\varepsilon \cdot s(t)^{-1-\varepsilon} \cdot \dot{S}(t) \qquad (3-24)$$

将式（3-23）和式（3-19）代入式（3-24），得到企业价值最优均衡的平衡增长路径上组织资本的长期增长率为：

$$\dot{s}(t) = \frac{A}{\varepsilon} \cdot f' \cdot s(t)^{1+\varepsilon} - \frac{\rho + \delta_h + \gamma}{\varepsilon} \cdot s(t) \qquad (3-25)$$

同理，把式（3-23）代入式（3-14），可以得到企业价值最优均衡的平衡增长路径上人力资本的长期增长率为：

$$\dot{h}(t) = \frac{\rho + \delta_s + \gamma}{\varepsilon} \cdot s(t)^{1+\varepsilon} - (\delta_h + \gamma) \cdot h(t) \qquad (3-26)$$

式（3-25）与式（3-26）构成了两个内生变量（组织资本与人力资本）的方程组。这样，对企业价值最优均衡的动态分析可以简化成对这个方程组的动态分析。

3.3.2 企业价值模型的动态分析

为了进行动态分析，我们引入柯布—道格拉斯生产函数 $f[h(t)] = h(t)^\mu$，$\mu \in (0, 1)$。根据柯布—道格拉斯生产函数的性质，$[\dot{h}(t), \dot{s}(t)] = (0, 0)$ 的解是企业价值最优的唯一稳态。因而，企业价值最优时，人力资本与组织资本的稳态分别为：

$$\bar{s}(t) = \left[\frac{A}{\varepsilon} \cdot \frac{\rho + \delta_s + \gamma}{\rho + \delta_h + \gamma} \cdot \frac{1}{\delta_h + \gamma}\right]^{1/[1-\mu(1+\varepsilon)]}, \quad \bar{h}(t) = \frac{\rho + \delta_s + \gamma}{\varepsilon \cdot (\delta_h + \gamma)} \cdot s^{\varepsilon-1}$$

(3-27)

式（3-27）中 $\bar{s}(t)$ 和 $\bar{h}(t)$ 都是常量，这意味着 K(t)、H(t) 和 S(t) 的增长速率都是 γ。在长期均衡视角下，投资变量 $I_k(t)$、$I_h(t)$ 和 $I_s(t)$ 也将以固定速率 γ 增长。因此，$i_h(t)$ 和 $i_s(t)$ 在稳态时也是常量，其中：

$$\bar{i}_h = \frac{\rho + \delta_s + \gamma}{\rho + \delta_h + \gamma} \cdot \frac{\bar{s}}{\bar{h}}, \quad \bar{i}_s = \delta_s + \gamma \tag{3-28}$$

由此可见，只有组织资本、人力资本都以固定速率 γ 增长时，目标函数才能达到稳态，企业价值才能最优。

为了讨论转型动态，我们把式（3-25）、式（3-26）线性化：

$$\begin{bmatrix} \dot{h}(t) \\ \dot{s}(t) \end{bmatrix} = J \cdot \begin{bmatrix} h(t) - \bar{h} \\ s(t) - \bar{s} \end{bmatrix}$$

其中：

$$J = \begin{bmatrix} -(\delta_h + \gamma) & (1+\varepsilon) \cdot (\delta_h + \gamma) \dfrac{\bar{h}}{\bar{s}} \\ -(1-\mu) \cdot \dfrac{\rho + \delta_h + \gamma}{\varepsilon} \cdot \dfrac{\bar{s}}{\bar{h}} & \rho + \delta_h + \gamma \end{bmatrix} \tag{3-29}$$

雅可比矩阵 J 的特征值和行列式分别为：$\text{Tr}(J) = \rho$，$\text{Det}(J) = [(1+\varepsilon) \cdot (1-\mu)/\varepsilon - 1] \cdot (\rho + \delta_h + \gamma) \cdot (\delta_h + \gamma)$。矩阵 J 的特征值是正值，由稳定性理论可知，当 Det(J) < 0 时，目标函数稳态才是鞍轨稳定的，即企业价值存在唯一均衡路径收敛到稳态。出现鞍轨稳定的条件是：

$$\varepsilon > \frac{1-\mu}{\mu} \tag{3-30}$$

显然，当组织资本对人力资本积累的贡献以及人力资本对产出的贡献的边际递减效应都不显著时，式（3-30）成立。

如果式（3-30）成立，我们可以通过计算矩阵 J 的特征向量，求出鞍轨的分析表达式。设 $P = [p_1 p_2]$ 为属于矩阵 J 的负特征值 λ_1 的特征向量，则鞍

轨为 $s(t) - \bar{s} = (p_2/p_1) \cdot [h(t) - \bar{h}]$。我们可以得到：

$$s(t) = \left[1 - \frac{(1-\mu) \cdot (\rho + \delta_s + \gamma)}{\varepsilon \cdot (\rho + \delta_h + \gamma - \lambda_1)}\right] \cdot \bar{s} + \frac{(1-\mu) \cdot (\rho + \delta_s + \gamma)}{\varepsilon \cdot (\rho + \delta_h + \gamma - \lambda_1)} \cdot \frac{\bar{s}}{\bar{h}} \cdot h(t)$$

(3-31)

因为 $\lambda_1 < 0$，所以沿着式 (3-31) 产生的轨迹趋于稳态的收敛过程意味着 $h(t)$ 和 $s(t)$ 沿着相同方向发展，它们的轨迹正向倾斜。因此，在人力资本和组织资本数量未达到稳态时，企业应动态调整 $h(t)$ 和 $s(t)$，使得 $h(t)$ 和 $s(t)$ 沿着式 (3-31) 决定的轨迹运行，以实现价值最优。这时每单位人力资本的增长，就应引起 $\frac{(1-\mu) \cdot (\rho + \delta_o + \gamma)}{\varepsilon \cdot (\rho + \delta_h + \gamma - \lambda_1)} \cdot \frac{\bar{o}}{\bar{h}}$ 单位的组织资本增长。

本节将组织资本引入生产函数，构建了企业价值最优决策模型。通过模型动态分析可以得出组织资本是影响企业价值的重要因素。组织资本作为一种特殊的资本形式，它通过提供适当的环境激发员工的最大潜能，使其产出更多价值。也就是说，组织资本能够促使人力资源向人力资本转化，对人力资本的积累具有外部效应。因此，企业应动态调整组织资本与人力资本存量，使它们沿着企业价值最优均衡的平衡增长路径增长，以实现企业价值最优。

第4章 知识学习与组织资本价值创造潜力提升

企业组织资本的本质是知识,而知识的获取、积累、传播、应用和创新必须依赖于学习过程,因此可以断定知识学习是企业组织资本产生的源泉,也是企业获取竞争优势的源泉。从学习的视角看,在经济全球化的进程中,企业的竞争根本上是企业学习能力的竞争,只有那些持续学习、善于学习的企业才能在激烈的市场竞争中最终赢得竞争优势,知识学习是企业组织资本产生的根本途径。本章首先阐述了组织资本增长与知识学习的关系,并通过改进 Crossan 知识学习模型建立了基于知识学习的组织资本动态增长模型,在此基础上,提出了组织资本增长导向的知识学习管理方法。

4.1 知识学习与组织资本增长

4.1.1 知识学习和组织资本的协同进化

依据知识的载体,可以将知识分为个体知识、团队知识、组织知识以及组织之间的知识。其中组织知识是组织资本的基础,它是指有关组织信息、过程、价值和信念的集合,它来源于个人知识面又超出个人知识,并为一个组织所特有。但组织知识不可能自动地演化成能更新现有能力的组织资本,必须通过组织的持续的知识学习才能实现。组织的知识学习既包括经验的自然积累，也包括有意识地学习。这些学习活动，一方面，有助于组织管理模式、制度和方法的形成，成为流程资本，提高组织管理的效率；另一方面，也可以推动组织惯例的适应性变化，使组织具备适应环境变化、更新自身能力的创新资本。

Nelson 和 Winter（1982）认为，组织资本是由一系列相互依赖的操作和管理惯例组成，这些惯例根据组织的绩效反馈而缓慢进化。企业不仅要适应快速变化的内部和外部环境，而且还需要在一个缓慢的环境中，进行企业能力的整合、建造和重构。因此知识学习，尤其是有意识的学习可以系统地建立和改进组织惯例，推动组织资本的形成和进化。

在当前复杂动态的竞争环境中，企业靠质量、技能和市场壁垒而长期保持竞争优势的日子已经一去不复返了，以知识和能力为代表的要素在企业经营中的地位日益显著。作为企业获取、充分利用和更新组织资本的重要工具，知识学习日益成为企业关注的对象。持续的知识学习是持续企业的独特性、构筑持续竞争优势所不可缺少的，知识学习过程不仅能实现显性知识的转移，更重要的是通过学习实现了隐性知识的传递。此外，由于路径依赖性的存在，企业组织资本不是短时间内形成或获得的，而是在长期不断的试验、学习过程中积累起来的。因此，知识学习是企业形成和发展组织资本的根本手段。

我们可以通过一个示意图来描述组织的知识学习和组织资本发展的内在逻辑关系，如图 4-1 所示。

从图 4-1 可以看出，信息和知识是组织进行学习的源泉和学习加工的对象，组织的知识学习过程包括知识的获取、整合、传播和应用等阶段，企业组织资本在知识形成的前两个阶段中将已经拥有的知识储存在组织惯例中，形成企业现有的组织资本。与此同时，企业在知识应用过程中也在进行知识更新，并将新的知识逐渐转化成新的组织惯例，发展成新的组织资本，它和企业原有组织资本进行整合后形成新的组织资本。组织资本使企业能更好地适应外部环境变化，保障了企业在新竞争领域的暂时性成功。这种成功对知

第 4 章 知识学习与组织资本价值创造潜力提升

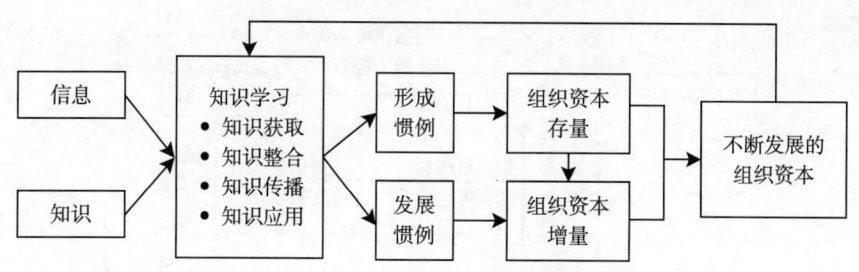

图 4-1 知识学习和组织资本的逻辑关系

识学习产生正向反馈和激励,加上组织为获得持续的竞争优势,会推动知识学习的进一步深入。正是在这种知识学习和组织资本发展的互动和良性循环中,企业竞争优势的步伐不断向前迈进。

4.1.2 组织资本增长中的知识学习过程

组织的知识学习是由系统地建立和改进组织惯例来发展其组织资本的,但知识学习是如何影响组织惯例并最终发展组织资本的呢?只有明确知识学习对组织惯例的作用机理,才能使知识学习更有目的性和针对性。

Huber(1991)认为,知识学习由四个内在部分构成:知识获取、知识传播、知识应用和组织记忆。知识获取、知识传播和知识应用反映的是组织知识学习的过程,组织记忆反映的是组织知识学习的结果。我们这里试图从组织知识学习的过程出发,探究知识学习对组织惯例的作用机理和形成组织资本的作用过程。我们构建了一个基于知识的组织资本增长模型,如图 4-2 所示。

4.1.2.1 知识缺口

组织的知识学习始于外部环境的变化。在动态、复杂的环境下,企业需要不断吸纳外部知识,尤其是特殊性知识以应对外部环境变化带来的新挑战,仅靠企业现有知识是不够的。企业要对照现有的知识储备和知识积累分析在适应新的环境变化的知识需求方面存在多大的知识缺口,如图 4-3 所示。

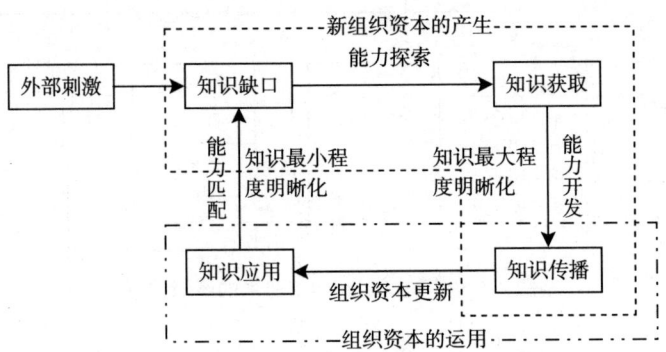

图 4-2 基于知识学习的组织资本增长模型

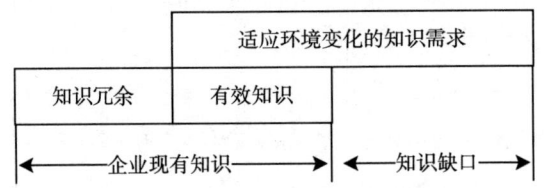

图 4-3 企业知识需求和知识缺口

知识缺口反映的是企业适应外部环境的知识需求与其自身条件形成的知识供给的不匹配程度。相对于适应外部环境的知识需求而言，企业现有的知识中，可能有一部分是很有用的，也有一部分对企业适应环境是无关紧要的，甚至是过时的。知识缺口是组织知识学习的推动力，但对知识缺口的认知水平是因企业而异的。因而，对于知识学习的广度、强度和有效度也是有所差异的。对于知识缺口的认知，一方面受环境变化幅度和速度的影响，如市场需求变化快、技术上有重大突破、国家经济政策的重大调整、竞争激烈等情况的出现会增大知识缺口；另一方面也和企业家的抱负水平及企业利益相关者共同影响下的企业目标关系密切，企业家的抱负水平和企业目标越高，知识缺口就越大。另外，知识缺口的大小还受企业现有的能力和资源水平的影响。

在这一阶段，组织虽然意识到适应复杂、动态的环境需要学习和掌握新的知识，对新知识的获得产生强烈的欲望，对新知识的运用产生一些想法，但还不是十分清晰，这些想法还处于一种萌芽状态并部分以缄默的形式存

第 4 章 知识学习与组织资本价值创造潜力提升

在。此时,知识处于探索阶段,组织将产生新想法或是提供新惯例的雏形。

4.1.2.2 知识获取

新知识是通过组织和个体的知识学习获得的。知识学习可以来源于许多渠道,如上游的供应商、下游的客户、有战略联盟的组织,甚至也可以向竞争对手学习。外部人才的引进也是组织获取新知识的重要手段。在新知识获取方面,企业家的社会关系网络也发挥着极其重要的作用。企业家可通过与其广泛的社会关系网络节点的充分沟通获得有价值的知识和商业信息资源。企业家社会资本是企业机会信息与决策相关信息的重要来源。企业家社会关系网络越是发达,能获取的新知识和信息就越多。组织通过不同形式、不同渠道的知识学习获取大量的新知识,但还需要对这些知识进行整合和编码化,才能促使知识最大程度的明晰化,而这种知识明晰化才可能导致知识价值的发挥。当知识被整合和编码后就表现为显性知识。如果企业自主开展研发活动或者是进行基础性研究,那么也创造出了特殊性知识。知识被编码意味着组织惯例的初步确定,从知识的角度也可以认为是企业一种新组织资本的初步确立。

4.1.2.3 知识传播

企业在知识获取和知识创新的基础上,通过组织的知识学习,实现知识在企业内部的交流、共享和转化。在知识传播的过程中,正是知识以最佳的问题解决方式转化为富有针对性的特殊性知识,使得管理者释放出可以用来解决问题、促进企业能力成长的能量。企业员工通晓其他成员拥有的知识、企业的行为方式,拥有在特定环境条件下从事工作的最佳方式形成的知识集合,这使他们的工作绩效具有乘数效应。因而,知识的共享和转化等传播过程就是知识开采和企业新的组织资本的产生过程。在这一过程中,企业内部某些好的做法即惯例传播到其他部门以增进知识的应用或是将新惯例推广到企业的各个部门。

4.1.2.4 知识应用

在知识应用阶段，企业对知识进行重复性的运用，通过运用惯例积累了大量经验，并且通过分析反馈信息，增加了整合性知识和配置性知识。在这一阶段，组织的知识学习行为表现为知识在关联情景中的作用。结果，知识逐渐地深嵌入个体的行为之中，使知识的明晰化程度大大降低，知识向缄默性方向发展，从而变成组织应对环境的稳定行为模式。这种组织惯例的不断运用，使别的组织难以模仿和复制，而在一定时期内成为组织优势的来源。但是，随着环境的变化，新的问题出现，保持不变的组织惯例对企业的发展可能就演变为阻力因素，就需要通过新一轮的组织知识学习对现有组织资本进行进一步的更新，从而保持组织的组织资本生生不息。

因而，从组织知识的角度分析，企业组织资本的实质是一轮又一轮知识学习的循环过程，组织知识学习的演化过程实际上也是企业组织资本增长的过程。

4.2 基于知识学习的组织资本增长模型

4.2.1 Crossan 知识学习模型的改进

Crossan 和 Hulland（1997）认为，知识学习不仅随时间发生在三个交叉层次上（个体、团队和组织），而且三个层次形成了吸收新知识（前馈）和使用已学知识（回馈）之间的紧密联系，如图 4-4 所示。Bontis 等（2002）在 Crossan 等的研究成果基础上进行了进一步研究，他们发现，组织层次的知识存量与组织绩效呈正相关性，错误地组合知识的存量与流量和组织绩效呈负相关性。上述研究表明：①知识学习是一个动态的过程，包括前馈和回馈；②知识学习的关键在于提高三个层次（个体、团队和组织）的知识存量，而不在于各个层次间的知识流量；③知识学习应正确地组合知识的存量与流量。但是上述研究没有阐明如何提高三个层次的知识存量。因此，本节将对 Crossan 知识学习模型进行改进，建立动态模型，探讨如何通过知识学习提高组织资本存量。

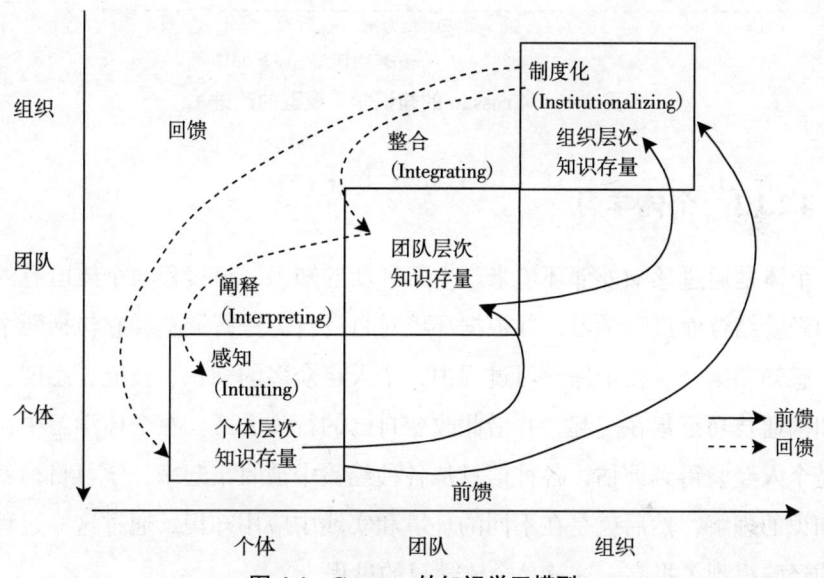

图 4.4 Crossan 的知识学习模型

组织的外部环境包括企业的供应商、顾客、竞争对手、相关行业和企业、政府机构、社区和公众等，它能否动态地适应外部环境的变化是反映其知识学习能力的重要标志。March 和 Simon（1958）认为，知识学习的产生是因为受到环境变化的刺激，而组织通过改变和调整组织规则、运作规程来适应环境的变化。因此，本书把环境因素引入 Crossan 的知识学习模型中，如图 4-5 所示。

组织的学习是通过组织中的成员来进行的，并且在个体、团队、组织逐层发生和相互作用，最终在组织中实现。

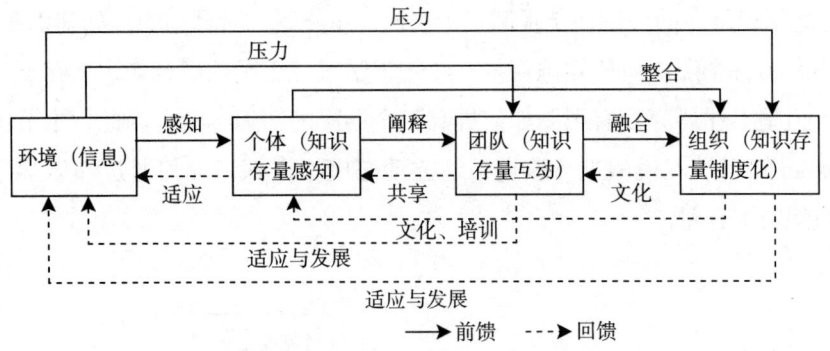

图 4-5　Crossan 的知识学习模型的改进

4.2.1.1　个体学习

个体是通过感知外部环境来产生某种新的知识，该过程与个体已有的知识和经验结合而进行学习，并根据环境对自身行为进行调整，它包括两个阶段：感知和阐释。在个体学习过程中，个人将众多的知识、技能、态度、经验和沟通技巧汇集在一起，并借此改变自己的行为方式。在个体学习中，首先是个人经验得到评估，各种信息从各种经验中被收集起来，学习目标就是对知识的理解，然后就是在不同的环境和实践中应用知识，通过这一过程个人的经验得到了提高，这就是个体学习的过程。

在个体学习的过程中，有四个关键的要素：①愿望，就是个体必须有学习新东西的愿望，即学习动因。②直觉的理解力，在学习中需要有一些直觉的理解力，需要有一些内在的成功感，还需要有一些理解某些事物的经验。③体验，要有体验生活的想法。④记录，将学习过程记录下来，以记住我们所学到的东西，保证我们在遇到同样的情况时，能够从中吸取教训。

通过学习可以得到新的洞察力或新观念，学习是一种行动过程，学习发生的时机，是当人们采取有效行动以及发现与矫正错误的时候。不论个体是处在有意还是无意的心态之下，学习活动总是一直不断地在进行，不曾中断。通过个体学习，组织才能学习，也就是说个体学习是组织学习的基础。

4.2.1.2 团队学习

团队是一种有着共同的目的、共同的工作目标和共同的行为模式,并对其绩效共同承担责任的组织。团队学习是组织知识共享和知识创造的最重要的途径。团队是主要受组织内部和外部环境的压力而被动或主动学习的,其学习过程是团队成员间关于某些问题的讨论和互动学习。团队学习是受环境的压力而产生的一种适应行为,其学习是为成员开发和共享个体阐释的知识,它包括团队中成员知识的扩散与互动,受组织的文化影响而学习效果不同。团队学习是整个团队获取知识、技能、态度、经验和沟通技巧,进而改变团队行为方式的过程。在团队中完成增进知识、技能,团队成员共同配合来实现共同目标。在团队学习的过程中,良好的团队精神是极为重要的,而且所有的团队成员都能够很好地进行合作,从而利用好团队中每个人的知识和能力。通过团队学习,达到 $1+1>2$ 的效果。

团队学习的过程首先是对团队所获得的经验进行评估,然后把经验转化成团队成员共同的理解、共同的愿景、共同的价值观和同一的内部模式,这样使团队内的成员具有相同的思维及行为方式,这一过程实际上就是一种团队文化的整合及提升过程;在此基础上,所有的学习计划都由团队全体成员共同做出,最后,团队的每一个成员都必须在实际工作中认真做好自己的工作。这种共同思维与行为方式的不断发展,能够为团队的工作和学习奠定一个坚实的基础,从而使团队获得良好的学习效果,达成共同的最终目标。

在组织的知识学习过程中,团队学习起着承上启下的作用。在任何一个组织中,团队都是学习的基本单位,每一个个体的知识和能力首先转化为团队的知识和能力,然后每一个团队的知识和能力又转化为整个组织的知识和能力,而整个组织的知识和能力又反馈给其他的团队,从而使其他的团队从中受益。

4.2.1.3 组织学习

组织学习是与个体学习互为依赖的。在现实中,任何个体的学习都不是孤立的，没有其他人的存在，个体的学习是不可能发生的，也是没有意义的。但是，组织学习并不是个体学习的简单加和，而是组织成员的知识和能力的共享。

组织学习是主要受外部环境的压力、其成员和团队不断调整学习范围及活动，为完成任务或适应环境的学习过程。因此，组织层次的学习也是一种适应行为。它是大规模的对各种问题领悟的分享，并把这些领悟运用到新产品、新工艺、生产流程以及组织结构和决策中。组织学习是非人构造的，即使组织中某些人可能离开组织，但不会影响组织层次的学习已获得的策略整合要素；它是把个体和团队的学习嵌入非人格化的组织中，这样的组织学习包括系统化、结构化、程序化和决策化；而组织学习的知识存量是组织的记忆，并且个体和团队嵌入知识学习是需要整合组织的系统、结构和程序以支持组织战略，使组织较好地适应竞争环境。

组织学习的关键之处在于组织成员能通过"组织记忆"功能产生知识和创新、精练及分享信息的效果。组织学习需要建立在个人获得解决问题与决策行动的信息基础上，因为组织获得的信息所形成的记忆，需要依靠个人的认知和解释。然而每个人的认知、解释，乃至解决问题的方式，均各有差异。因此，通过"知识共享"、"文件化"形成组织的认知与解释系统，才能使"组织记忆"发挥其功能。

4.2.2 组织资本增长模型

4.2.2.1 理论假设

知识学习不仅随时间的进程在环境、个体、团队和组织间进行，而且它形成了吸收新知识（前馈）和开发或利用已学知识（回馈）之间的紧密关系。因此，影响知识学习效果的主要因素包括环境、个体、团队、组织，以及它们各层次的知识存量与流量（前馈与回馈）。为便于分析与研究，本书对知识学习的主要因素进行合理的假设。

假设1：组织的学习过程是一个连续的过程。

假设2：使用 e 代表环境，i 代表个体，g 代表团队，o 代表组织。

假设3：t 表示时间变量。

假设4：$K_w(t)$ 表示在 t 时刻环境拥有的知识存量的状态变量，$K_i(t)$ 表示在 t 时刻个体拥有的知识存量的状态变量，$K_g(t)$ 表示在 t 时刻团队拥有的知识存量的状态变量，$k_0(t)$ 表示在 t 时刻组织拥有的知识存量的状态变量。

假设5：$P_{kj}(t)$ 表示在 t 时刻，从 k 层次的知识传导到 j 层次而接受或内化的可能性，即概率。其中，$0 \leq P_{kj}(t) \leq 1$；k、j 的取值范围是 e（环境）、i（个体）、g（团队）、o（组织）。

4.2.2.2 数学模型的建立

由图 4-5 可知，环境层次的知识存量与个体知识存量、团队知识存量和组织知识存量有关联，并受它们的知识流量即前馈和回馈的影响；同样个体知识存量、团队知识存量和组织知识存量也是相互影响的。为了说明问题，本书对发生在各层次的知识转移和扩散进行简化，即知识转移或接受的总量是来自各方面的信息量的和。

设在 t-1 时刻各层次的知识存量为 $K_e(t-1)$、$K_i(t-1)$、$K_g(t-1)$、$K_o(t-1)$；并设在 t-1 到 t 时间段内知识的转移矩阵为 $(P_{kj}(t))$，根据图 4-5，可得在 t 时刻各层次的知识存量为：

$$[K_e(t), K_i(t), K_g(t), K_o(t)] = [K_e(t-1), K_i(t-1), K_g(t-1), K_o(t-1)] \times (P_{kj}(t)) \tag{4-1}$$

其中 $[P_{kj}(t)] = \begin{bmatrix} P_{ee}(t) & P_{ei}(t) & P_{eg}(t) & P_{eo}(t) \\ P_{ie}(t) & P_{ii}(t) & P_{ig}(t) & P_{io}(t) \\ P_{ge}(t) & P_{gi}(t) & P_{gg}(t) & P_{go}(t) \\ P_{oe}(t) & P_{oi}(t) & P_{og}(t) & P_{oo}(t) \end{bmatrix}$

令 $K(t) = [K_e(t), K_i(t), K_g(t), K_o(t)]$，

$K(t-1) = [K_e(t-1), K_i(t-1), K_g(t-1), K_o(t-1)]$，$P(t) = (P_{kj}(t))$，则式（4-1）可表示为：

$$K(t) = K(t-1) \cdot P(t) \qquad (4-2)$$

4.2.2.3 模型分析

根据式（4-2）可得，t 时刻各层次的知识存量为：

环境的知识存量为：

$$K_e(t) = K_e(t-1)P_{ee}(t) + K_i(t-1)P_{ie}(t) + K_g(t-1)P_{ge}(t) + K_o(t-1)P_{oe}(t) \qquad (4-3)$$

个体的知识存量为：

$$K_i(t) = K_e(t-1)P_{ei}(t) + K_i(t-1)P_{ii}(t) + K_g(t-1)P_{gi}(t) + K_o(t-1)P_{oi}(t) \qquad (4-4)$$

团队的知识存量为：

$$K_g(t) = K_e(t-1)P_{eg}(t) + K_i(t-1)P_{ig}(t) + K_g(t-1)P_{gg}(t) + K_o(t-1)P_{og}(t) \qquad (4-5)$$

组织的知识存量为：

$$K_o(t) = K_e(t-1)P_{eo}(t) + K_i(t-1)P_{io}(t) + K_g(t-1)P_{go}(t) + K_o(t-1)P_{oo}(t) \qquad (4-6)$$

环境的知识存量是显性知识，行业内的组织可以从公开的信息渠道获得，它对组织业绩有影响，但环境的知识存量是任何某个企业所不能控制的，并且它也不如个体知识存量、团队知识存量和组织知识存量对组织绩效影响大，因而主要讨论个体知识存量、团队知识存量和组织知识存量及其变化情况。

从式（4-4）可知，组织在 t 时刻的知识存量受到（t-1）时刻的环境知识存量、个体知识存量、团队知识存量、组织知识存量及其各自转移概率的影响。但是组织在某个时刻的知识存量是固定的，其学习使其在将来更快地获得更多知识。同时，组织获得竞争优势的关键也是比竞争对手学习得更快，即在一定的状态下组织知识存量的增加速率。因此，在单位时间内组织知识存量的增加，即组织知识存量增加的速率为：

第4章　知识学习与组织资本价值创造潜力提升

$$V_o(t) = K_e(t-1)P_{eo}(t) + K_i(t-1)P_{io}(t) + K_g(t-1)P_{go}(t) + K_o(t-1)(P_{oo}(t) - 1)$$
(4-7)

同理可得：

团队知识存量的增加速率为：

$$V_g(t) = K_w(t-1)P_{wg}(t) + K_i(t-1)P_{ig}(t) + K_g(t-1)(P_{gg}(t) - 1) + K_o(t-1)P_{og}(t)$$
(4-8)

个体知识存量的增加速率为：

$$V_i(t) = K_w(t-1)P_{wi}(t) + K_i(t-1)(P_{ii}(t) - 1) + K_g(t-1)P_{gi}(t) + K_o(t-1)P_{oi}(t)$$
(4-9)

然而，在实际情况下，环境知识的存量相对于组织是不可控的，其变化速率是非常缓慢的。因此，由式（4-7）、式（4-8）、式（4-9）可知，在单位时间内增加组织知识存量采用的方式有：①提高环境知识向个体、团队和组织转移的概率，如加强与外部的交流、建立通畅的信息交流系统（网络）等；②提高个体、团队和组织的各自固有知识存量，特别是提高它们固有知识的内化概率，如加强员工的培训、提倡员工思考、建立知识学习的文化等；③加强个体、团队和组织间的知识转移的概率，如创造学习的氛围，促进成员间的学习互动和信息交流。

4.3　基于知识学习的组织资本增长管理方法

4.3.1　知识学习的理想状态

每个组织的学习都发生在三个不同层面上：个体、团队、组织。从组织构成的生物学角度来看，如果说组织是一个有机体，那么，团队就是组成有机体的各个器官，个体就是组成器官的细胞。组织为个体学习和团队学习提供支持作用的组织架构及学习环境,团队在组织当中作为连接个体与组织的节点,变成了学习的基本单位。个体通过学习增强的能力首先转化为团队的能力,然后团队的能力又转化为整个组织的能力,并由此使整个团队受益。在此过程中,组织的共同愿景、目标、战略和价值观是三个层面学习的"粘合剂"及动力源泉。因此,个体学习是组织资本增长的重要前提和基础。但另一方面,组织不是个体的简单相加,组织学习也不是个体学习的简单累加。个体学习与组织学习之间存在相互影响、相互制约的互动作用。当组织学习处于低效状态时,个体学习、团队学习、组织学习各自为政,交叉的部分极少,这就意味着这三部分学习交流少、学习成果分享少,组织学习整体效率低下,造成组织资本增长速度缓慢;而当组织处于理想化状态时,个体学习包含于团队学习,而团队学习又包含于组织学习,并且在个体学习、团队学习、组织学习这样一个知识由低向高的传递过程中,知识得到了逐级放大,使组织资本的增长速度大大提高,如图4-6所示。

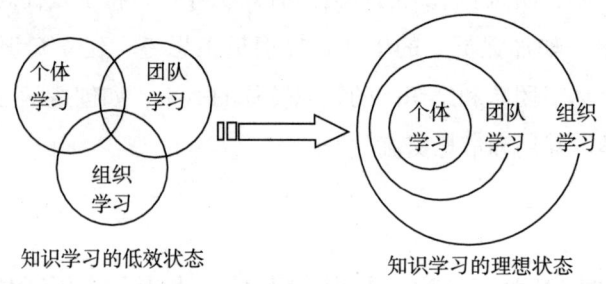

图4-6 知识学习的理想状态

在知识学习的知识传递与转化过程中,若组织建立了科学合理的知识共享机制与学习激励机制,那么,个体学习向团队学习、组织学习转化的速度与数量就越快、越多。

当然企业要达到理想状态,还要付出极大的努力。事实上,这只是一种理想化的状态,即现实中几乎没有企业能达到这样一种理想状态。原因在于在知识的分类当中,有显性知识和隐性知识之分,不仅个体知识有此区分,团队知识和组织知识也有此区分。无论在团队中还是在组织中,由隐性知识向显性知识转化的过程，都是在相应的机制下促成的，但这种转化始终是有限度的，即隐性知识无法也不可能全部转化为显性知识。企业只有加强企业文化的建设，完善组织结构设计，完善组织学习机制，才能使组织学习最终向最理想状态靠近。

4.3.2 知识学习的提升途径

知识学习作为建立在个体知识基础上的高级学习过程，需要通过个体之间的互动，形成集体优势。

4.3.2.1 塑造以学习为本的企业文化

学习产生知识，知识为企业带来盈利并使企业可持续经营，这是企业生存的基本逻辑。为促进知识学习，企业应建立以知识学习为核心价值观的企业文化，使全体员工都能够认识到知识的价值与学习的重要性，使"学习+共享、创新"真正成为员工共同的行为与价值观。企业应通过各种渠道积极宣传企业文化，鼓励员工学习、创新，并为员工提供更多的学习培训机会，尽可能让每个员工都在其工作生涯中有充分的机会参与学习，提高技能与素质，真正成为推动企业可持续发展的根本动力。

4.3.2.2 知识学习从无意识形态进入有意识形式

首先要进行最基础的"五项修炼"，即自我超越、心智模式、共同愿景、团队学习、系统思考。只有将"五项修炼"持之以恒地进行下去，知识学习才能由有意识形态逐步过渡到自由学习状态。知识学习的首要任务就是发展培育具有自我超越精神内涵的组织成员。通过职工个人发展计划的制订，帮助员工认清个人能力差距，不断地超越自我，使员工在工作中找到个人生存价值。与此同时，要考虑改变已有的心智模式，防止认知的不协调性的发生，消除戒备心理，不断更新。改善心智模式和系统思考可以帮助人们重建一种新的看问题的方式，从习惯看环境、看别人，变为看自己、看自己的内心；从看局部，变为看全局、看系统，从而能看到存在于内的智力障碍，寻求克服思维方式缺陷的可能。寻找组织能够生存的深层原因，建立共同愿景，形成向上的张力。创造一个简单清晰的共同愿景，并让组织每个成员明确组织将走向何方，且能够一贯符合这种愿景理念，是有效的知识型组织所必须做到的一项要求。个体愿景只有与组织的愿景一致，才能产生共鸣。团队的知识是个体知识的集合，在团队中学习能够互相取长补短，较好地促进个人成长。

4.3.2.3 知识共享、对话、信息化"三位一体"化建设

知识共享是知识学习的必备要素，也是个体隐性知识转为组织显性知识的目的。企业应通过建立知识库、知识协作中心、信息技术平台、知识网络等技术支持，并通过制度保障知识共享。只有做到知识和能力的共享才能为组织带来真正的力量。此外，在知识型组织中，应存在大量积极的对话，这是进行知识学习必不可少的一环。组织每个成员都要认真倾听别人的想法，并质疑自己提出的想法，容忍甚至鼓励怀疑和不同的声音。建立知识型企业及知识学习需要多方面力量的支持，而信息化是其中最为重要的因素。高度的信息化是知识型企业的一个重要标志，也是知识型企业的"智力"所在。信息化作为组织内部的系统工程，它的开展必然会带动企业内部的全面改革，从而促进组织管理体系的改革与优化。信息系统的建设也为组织的知识共享、隐性知识显性化提供了平台。知识共享、对话、信息化"三位一体化"建设才能彼此促进，协调发展。

4.3.2.4 战略学习

由于难以流动的异质性资源是企业持续竞争优势的源泉，战略学习正逐步渗透到组织各个层次。战略学习意味着管理层应该时刻检查组织所确立的战略是否适当，以及面对变革时，组织是否能够做出快速的反应。战略学习帮助组织快速校正前进方向。为此，组织要比较彻底地对员工灌输组织的核心理念，创造出强有力的围绕理念的文化，使每位员工熟知组织理念，在诸如目标、战略等的制定方面能够一贯地配合核心理念，灵活地做出决策，提

第4章 知识学习与组织资本价值创造潜力提升

高整个组织的应变能力。

4.3.2.5 反馈系统

任何一个运转良好的组织都必须有反馈系统进行不断的修正。反馈系统建设必须在组织的各个层面展开。针对不同层面运用不同的反馈方法，并力图做到及时、公平、客观。但是，组织中个人因受到心理、从众压力等方面影响，使得反馈不是在每个组织内都能顺利进行的。因此，组织必须对其成员进行反馈思想的培训，建立直接沟通的文化，让他们抛弃个人顾虑，使反馈流程真正做到客观、公正。例如，惠普公司规定的"任何一个员工在任何时间可以找到任何一位领导谈任何问题"。四个"任何"体现了公司为员工创造的一种高效沟通的工作环境。

4.3.2.6 设立知识"吸收器"

壳牌石油公司企划总监德格认为："唯一持久的竞争优势，或许是具备比竞争对手学习的更快的能力。"知识型组织便能够快速有效地对当前最新知识搜集、掌握及应用。大多数情况下，组织是先通过个人学习，将个人的能力转化为组织的能力（即从个体到整体的过程），而知识、能力的速率和效用在这种转化过程中必将有所损耗。在知识型组织的知识学习中，知识的转化不仅是自下而上的，组织也通过知识部门的设立，帮助个体学习，整个知识流的流动是平面的。对目前组织来说，人力资源部门需要单独设立一个知识部门或小组，作为知识"吸收器"或是组织的"大脑"，通过信息系统等先进手段，专门搜集、选择当今最先进的知识信息，并将信息结合组织的愿景、目标加以分门别类。组织应不断地向客户学习，把客户的需求作为企业经营的导向；向竞争对手学习，随时注意研究竞争对手的高明之处，取长补短；向知名企业学习，学习他们成功的管理思想和经验，开拓自己的思路，以博采众长，增强组织的学习、积累能力，创造新的竞争蓝图，促进组织革新。

4.3.2.7 绩效、能力和知识一体化管理

绩效管理意味着每个人都知道自己的职责是什么，他们的个人目标是什么，他们需要具备什么能力，他们能够得到足够的指导和反馈以更好地完成自己的工作。能力管理意味着在企业愿景、战略和目标的指导下确定组织的核心能力或是其他必备能力。之后，我们必须评价目前的能力水平与目标水平之间的差距。在此基础上要制订必要的发展计划，接着要实施这一计划并将其转化为个人开发计划。知识管理将个人知识转化为团队知识，隐性知识转化为显性知识。可见，绩效管理、能力管理和知识管理分别从个体、组织、团队三个不同层次来促进知识学习能力。

总之，学习已成为当今组织参与竞争应对变革的基本能力。通过领导支持，愿景、目标牵引，"五项修炼"、绩效、能力、知识一体化管理促进，设立单独的部门作为学习能力的来源，组织具备了学习目标、动力、能力，作为一个有机体已经有了类似于人类的学习能力。组织理念目标贵在长期坚持维护，这种一贯坚持能够使得组织成员认清发展方向，有利于统一思想，使学习成为一种自觉自愿的行为。这种具有自我学习能力的知识型组织必然能够适应环境变化，在竞争浪潮中取胜。

第5章　组织创新与组织资本价值创造潜力提升

通过第4章我们得知，知识学习是企业组织资本增长的根本途径，是企业取得竞争优势的最终动力。知识学习的过程实质上是知识在个体、团队和组织及组织间相互转移、交流和积累的过程。而组织结构和组织文化等组织要素的定位和配置状况直接影响知识在组织内流动的效率和效果。这些要素的合适定位和恰当配置可以极大地促进与保障知识学习的顺利进行；反之，会阻碍知识学习，导致学习中断或学习效率低下。组织创新的目的就是通过创新组织模式提高知识学习的效率，知识学习效率的提高则会引起组织资本增长速度的提高，因此组织创新对组织资本的增长具有促进作用。本章在分析组织创新与知识学习的关系基础上，通过混沌理论中的 Logistic 方程描述了组织创新对组织资本增长的作用机制，在此基础上提出了组织资本增长导向的组织创新整合管理方法。

5.1 组织创新与知识学习的关系

5.1.1 组织创新与知识学习过程的趋同性

5.1.1.1 知识演化与组织生命周期

孟晓飞、刘洪（2001）根据库恩的知识增长模式，认为组织知识的发展模式为：分散的知识→组织知识→组织知识变革→新的组织知识。因此，组织资本也有一个形成→发展→成熟→创新的发展演化过程。从这一角度出发，我们可以认为组织发展的阶段性和生命周期性也体现在组织资本的发展演化过程中，如图 5-1 所示。或者说，企业组织的生命周期与组织资本的发展演化周期相对应。

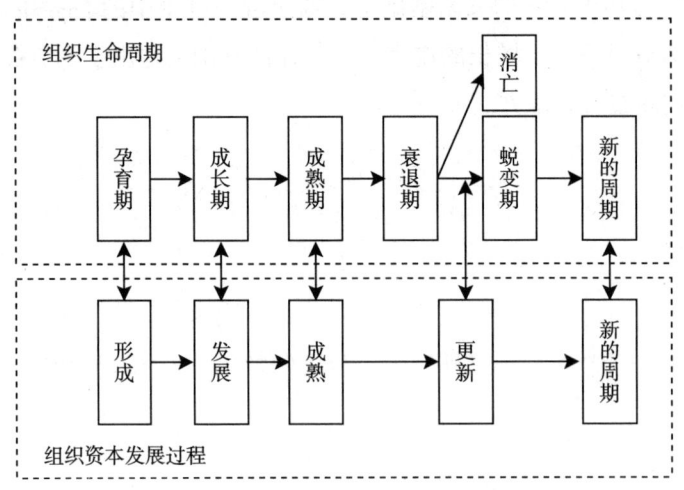

图 5-1　组织生命周期与组织资本演化

可见，企业组织的生命周期性变化又可以看成是组织资本的发展演化过程。企业组织要顺利地完成各个发展阶段不断地蜕变进入新的发展周期，就必须通过组织资本的积累和创新来实现。而企业组织的生命周期演化过程实际上就是企业组织的创新过程。

5.1.1.2 知识学习是组织创新的保障

Carayannis 等（2006）认为，在经济学中，学习被认为是可触摸的、可量化的价值的增值活动；在管理学中，学习被看作是获取持续竞争效率的源泉；而在创新理论中，学习则被认为是获取创新效率的源泉。

当组织运行环境相对稳定时，在组织运转基本程序化的历史条件下，管理者可以根据惯例或制度赋予的权威行使决策等职能，引导组织去实现其宗旨和目标；当组织的环境和任务经常发生变化时，非程序化决策就会成为管理组织的决策主体，这时，惯例和制度在非程序化决策中所能发挥的作用极为有限，而知识则发挥着关键作用，它直接决定了决策的质量。知识（尤其是隐性知识）与个人因素密切相关，每个人所掌握的知识性质、种类和数量都不尽相同，没有一个人能掌握管理组织各种决策所涉及的全部知识。因此，必须将有助于决策的知识与决策权结合起来，才能提高组织的效率。保证知识与决策权结合有两种基本的方法：一种是将知识传递给有决策权的人；另一种是把决策权传递给拥有相关知识的人。这就是组织创新的开始。随着组织环境的不确定性和市场竞争的加剧，隐性知识对企业形成持久的竞争优势起着越来越大的作用。而由于隐性知识的难以转移性，决定了这类知识的转移成本相对于权力的转移成本来说一般都是非常大的。尤其是当企业的规模扩大和经营范围增加时，知识在企业中的分布更加分散化，因而其转移成本更高。而知识学习恰好能够解决这个问题。这是因为，知识学习可以将个体知识转化为组织资本，将个体和局部的知识优势转化为企业全局知识优势，产生整体性知识积累和利用效率。

5.1.2 组织创新提高知识学习效率

知识学习的过程实质上是知识在个体、团队和组织及组织间相互转移、交流和积累的过程,或者说是知识在组织内流动的过程。而组织结构和组织文化等组织要素的定位和配置状况直接影响知识在组织内流动的效率和效果。这些要素的合适定位和恰当配置可以极大地促进与保障知识学习的顺利进行;反之,会阻碍知识学习,导致学习中断或学习效率低下。

5.1.2.1 组织结构直接影响知识学习的绩效

组织结构作为组织存在、运行的基础和框架,作为知识的载体直接影响知识在组织中的分布和流动,因而对知识学习有着重要的影响。例如,传统的金字塔层级结构是以严格的上下级关系和明确的职能分工为基础的,不利于知识和信息的纵向沟通和横向交流,不利于知识的共享,阻碍了个体和团队层次的学习;而扁平式组织结构虽然有效地克服了传统层级结构知识和信息沟通不畅、共享不足的弊端,但却使得个体和团队学习的结果(新知识或技术诀窍)大部分存放在个体或团队成员的头脑中,不利于组织知识的积累,即难以把个体和团队的知识上升为组织知识。因此,必须通过组织创新,建立一种既有利于个体和团队的知识交流和共享,又有利于储存个体或团队成员的知识,将个体和团队知识上升为组织资本的动态组织结构模式来促进知识学习。

5.1.2.2 组织文化对知识学习的重要影响

作为组织创新的隐性过程要素——组织文化,包括整个组织共享的心智模式、价值观和员工的行为规范。共有的心智模式、规范和价值观能在群体和组织内部形成一种有力的、普遍的群体控制机制。有人对成功的企业和管理者做过一次详细的调查,结果表明,企业既需要正式的控制机制,又需要非正式的群体控制机制,有时候后者被认为是一种比前者更有威力的选择,它具有很强的影响力和渗透力,潜移默化地影响着人们的行为。事实上,知识学习的性质和方式在很大程度上受到组织文化的影响,因为组织现有的文化形态和活动是组织过去学习的结果。文化环境是知识学习的重要条件,它在一定程度上决定了知识学习在"质"上的规定性。一个鼓励冒险和创新、容忍错误和失败、相互信任的组织文化有利于知识学习和创新。因为这种文化能够促进员工之间的对话,大家能够直言不讳,自由充分地发表自己的见解,有利于打破束缚企业行为的条条框框。此外,还能够鼓励员工对各种想当然的问题提出质疑,并寻求更好的解决方法。相反,一个追求安稳、保守,反对冒险和创新、害怕承担责任、互不信任的组织文化就会阻碍组织的学习。因为这种文化不利于知识的交流、共享,中断了知识学习循环。

基于上述分析可以得出组织创新与知识学习之间存在着密切的内在关联性,它们之间既相互促进,又相互依赖,两者的互动关系如图 5-2 所示。

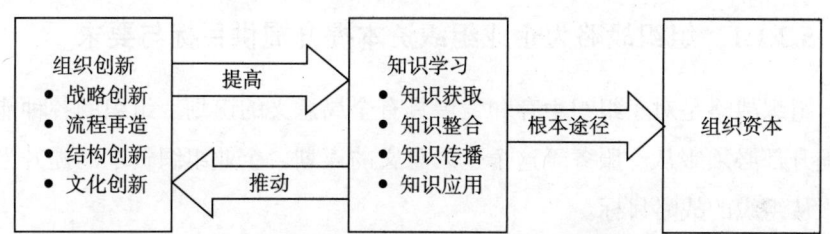

图 5-2　知识学习与组织创新的互动作用机理

5.2　组织创新对组织资本增长的作用机制

5.2.1　组织战略——组织资本增长的指引力

战略是企业组织这个生命有机体的目标,组织战略是企业组织资本提升的指引力。组织战略管理思想出现于20世纪初，但经济全球化和知识经济的发展使企业面临的环境更加复杂多变。知识经济中，知识和能力成为最新企业战略的关键因素。同时，知识经济所决定的外部环境也已由过去的"4S"模型转变为"4D"模型，即由过去的"4S"环境状态（静态Static，单一Single，简单Simple，安全Safe）转变为当前的"4D"环境状态（动态Dynamic，多样Diverse，困难Difficult，危险Danger）。它要求战略管理者对将要发生的变化进行了解、预测并制定完善有效的适应战略。组织战略管理是确定使命，根据内部条件和外部环境设定组织目标，保证目标落实并使企业使命最终得以实现的动态管理过程，这一过程也是组织学习和知识共享的过程。战略由决策所确定并付诸实施，从这个意义上说，战略管理者需要不断学习并共享知识，强化战略领导能力，特别是需要考虑到知识经济时代对企业提出的巨大挑战。

5.2.1.1 组织战略为企业组织资本提升提供目标与要求

组织战略是对于组织生存和发展具有全局意义的谋划。组织的各种能力的提升都必须服从、服务于这个全局意义的谋划。企业组织资本的提升当然要服从组织的战略目标。

企业组织资本提升能为组织赢得市场竞争优势有一个最重要的前提，那就是企业组织资本必须与组织的战略目标相适应。与此相配合，企业组织资本提升的组织学习能力大小也必须与组织的战略目标相匹配。

在组织发展的不同阶段有不同的战略目标，实现这些战略目标所需要的企业组织资本的大小是不一样的，提升企业组织资本的学习能力大小也是不一样的。组织在面临不同的市场竞争状况时，组织的战略目标、战略决策都将会做适应性的改变，与此相对应，组织战略的变动将对企业组织资本、组织学习能力以及组织的价值观提出相应的要求。

5.2.1.2 组织战略为企业组织资本提升施加适当的压力

组织战略对企业组织资本提升施加的压力最初来源于组织感受到的外部

环境的竞争压力，感受到现状与目标之间的差距。组织感受外界的压力后就要有科学的面对压力的措施，制订出面对压力的计划，提高自身的能力，才能使组织在竞争中取胜。于是，组织就需要制定出目标，并围绕目标的实现途径制定出一套方案。组织要实现的目标总是要高于组织的现状。只有这样，才能使组织不断超越自我。组织所制定的这种略高于现状的目标必然给企业组织资本的提升提出更高的要求，同时也必然给提升企业组织资本的组织学习能力提出更高的要求。

因此，在组织战略的适当压力下，企业组织资本为了弥补现状与目标之间的差距也在不断增长，企业组织资本的增长使组织在市场上获得更大的竞争优势，组织目标得以实现。然后，组织再一次制定下一阶段的目标，对企业组织资本提出更高的要求，促进企业组织资本的增长，进而在企业组织资本增长的基础上实现组织下一阶段的目标。

5.2.2 组织结构——组织资本增长的支持力

组织结构是一个组织的骨架。企业组织结构是表明企业内各部分（组织角色）的排列顺序、空间位置、聚散状态、联系方式，以及各部分相互关系的一种模式或体系。组织结构是一个企业存在的基础和外在表现形式。正是有了组织结构，企业才真正成为了实体。由于科学技术的发展，专业化分工越来越细，就个体人而言，不可能掌握所有专业化分工知识。由于人的有限理性以及知识和技能的复杂程度提高，企业的工作任务必须进行专业化分工，把具有特定知识和技能的人安排在适合的岗位上。因而，企业组织结构需要进行精心设计，从而使人与工作任务相匹配，使个体人力资本的增长拥有充分的空间。

只有设计出合理的组织结构，才能实现组织的知识和能力的有效整合与配置，才能使组织的价值观得以更有效率的共享与升华。因此，我们认为组织结构也是企业组织资本的重要影响因素。组织成员所拥有的知识、能力和价值观这一"元要素"决定了其处于组织中的地位在一定的时空内发生相对变化，从而导致组织结构的不断调整。组织成员与其工作对象的最佳结合关键在于对其内在动力的挖掘，从而使他们的知识、能力和价值观转化为企业组织特有的、共享的知识、能力和价值观。因此，企业组织资本的增长要求企业有合理的组织结构。

5.2.3　组织文化——组织资本增长的凝聚力

组织文化之所以对企业组织资本的提升十分重要，是因为它对组织学习和知识共享十分重要，它突出了学习发生的背景并为理解以往的学习成果如何深深植根于组织的结构、规范与常规之中提供了框架。组织文化对资本的促进功能和作用主要表现在以下四个方面：

5.2.3.1　良好的导向作用，促进个体人力资本得以增长

组织文化体现在企业文化核心层的理想信念上。这种信念可以使员工把现实的努力和长远的目标结合起来，成为一种动力，形成一种充满情感意志的，能够面对困难、克服困难的活力。通过组织文化建设，企业理想、信念一旦被员工接受，员工就会产生一种归属感，把自己视为企业的一员，信赖企业，把企业作为发挥个人潜能、实现个人抱负的地方，从而积极参与企业的各项活动，完成自己分担的任务，为创造良好的企业形象而努力。从这个意义上讲，组织文化也是生产力。这会使企业人力资本的价值得到最大限度的使用和发挥。

组织文化建设把提高员工的文化素质和文化生活看成是员工搞好经营生产的基础，也是形成企业统一价值观念和企业精神的前提条件，使企业的发展目标变为员工的自觉行动，与企业共命运，为企业的发展尽力，特别是在企业走向市场竞争激烈的形势面前。讲信誉、保质量，"诚和信"是企业生命力之所在，而这一切都要靠企业员工的素质来实现。通过组织成员的素质的提高促进企业组织资本的形成。

5.2.3.2 强烈的凝聚作用，为知识共享提供前提

组织文化可以围绕企业发展目标，凝结成极大的群体合力，产生出奋发进取的集体意识，焕发起员工的能动精神。它可以得到企业员工的内在认同，从而在生产经营实践中形成新的共同价值观和行为准则，成为大家的自觉意识和自觉行为。它可以改善人与人之间的关系，使员工情感交融，亲密相交，对企业产生一种依恋之情，形成企业的内聚力和向心力，从而愿意将其知识共享。这是办好企业所必需的，也是组织特有的、共享的资产或资源进行有效配置的前提条件，从而促使个体知识向组织共享知识转化。因此，组织文化是企业组织资本形成的根本保证。

5.2.3.3 开启创新的作用，为知识创新提供驱动力量

经济全球化和新技术革命的到来，促使企业重视技术创新。这对企业产品开发、升级换代是非常重要的。企业创新的内涵不仅包括技术创新，还有组织创新、管理创新、服务创新等诸多方面，要实现这些创新最关键的是知识创新。而良好的组织文化则是推动企业知识创新的一种无形力量以及内在的驱动力量。良好的企业文化氛围是开启员工智力、搞好创新、不断创新的条件。良好的组织文化可以促进知识在知识场的作用下通过 SECI 的过程实现知识的螺旋上升。

5.2.3.4 丰富组织的价值观，使组织的认知模式得以改善

对事物的认识决定对事物的判断，而对事物的判断又影响对事物的进一步的认知。认知模式决定价值观，而价值观又影响认知模式。认知能力的提升必将丰富个体的价值观，而个体价值观的丰富又将使个体的认知能力进一步增长，从而实现了认知能力和价值观的螺旋上升。因此，组织文化的促进将使组织的价值观得以丰富，在组织价值观的影响下，组织的认知模式得以改善，从而进一步丰富组织的价值观。在这个过程中，企业组织资本得以提升。

5.3 基于组织创新的组织资本增长管理建模

组织模式必然会对企业组织资本产生影响,组织创新的目的就是通过创新组织模式提高知识学习的效率,知识学习效率的提高则会引起组织资本增长速度的提高,因此组织创新对组织资本的增长具有促进作用。根据企业的实际运行情况,可以假设企业管理者追求企业运营效率最大化,即任何改进措施都是为改善组织模式服务的,因此,组织模式对企业组织资本增长的贡献累积量是一个增函数。

考虑在企业发展周期内出现的组织创新,可以发现在企业建立之初,组织模式还很不健全,这时,组织模式对组织资本增长的贡献非常低,组织资本的增长速度缓慢。随着组织不断发展,组织模式的作用越来越重要,组织内部需要对组织模式进行规范化、制度化,这时组织模式对组织资本的贡献大大改善,而且组织资本增长的速度越来越快。但是随着组织进一步膨胀以及组织环境变得越来越复杂,原先的组织模式已无法满足企业日常运作的需要,这时虽然组织模式对组织资本的贡献仍然存在,但是贡献的增长速度越来越慢,最终趋于停止。组织发展到这个阶段就会出现混沌状态,会显得杂乱无章而没有秩序,这时需要对现有的组织模式进行重新思考和定位,通过组织创新,创造一种有活力的、新型的组织模式,使组织模式对组织资本的贡献发生一次跃变,进入新一轮的发展,如图 5-3 所示。组织模式对组织资本的贡献整体呈现 S 形曲线增长。

如果组织模式在企业生命周期中对企业绩效的贡献按照图 5-3 所示的规律发展,可以得到组织模式对组织资本贡献的增长速度与其累积增长量成正比,但随着企业发展到成熟阶段,现有的组织模式不可能长期对组织资本产生贡献,而是有一个增长极限,这个增长极限一般是一个常量,同时增长速度也会减小,最后趋近于 0。那么可以用这样的数学表达式来描述:

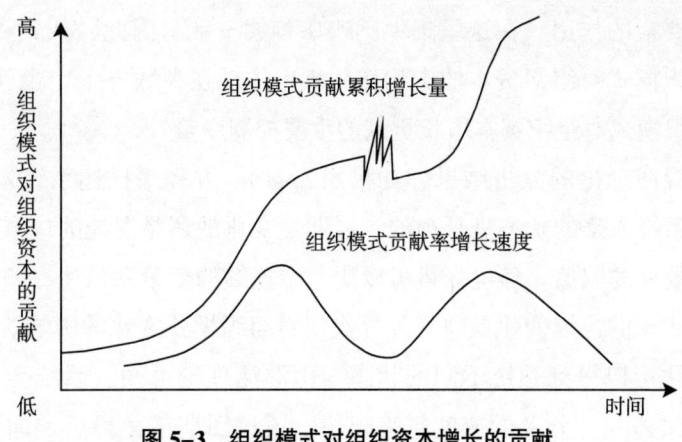

图 5-3 组织模式对组织资本增长的贡献

$$\frac{dN_t}{dt} = \gamma N_t = R(x)(K - N_t)N_t \tag{5-1}$$

其中，N_t 表示组织模式对组织资本增长的累积贡献量，K 表示增长极限，R(x) 表示组织模式贡献的增长速度，x 表示影响组织模式贡献增长的因素。若考虑较小的时间变化量，则将式（5-1）离散化后得：

$$N_{t+1} = R(x)N_t[(K + 1/R(x)) - N_t] \tag{5-2}$$

令 $M_t = N_t/(K + 1/R(x))$，则有：

$$\begin{cases} M_{t+1}(k + 1/R(x)) = R(x)M_t(K + 1/R(x))[K + 1/R(x) - M_t(K + 1/R(x))] \\ M_{t+1} = R(x)M_t(k + 1/R(x))(1 - M_t) \end{cases}$$

令 $\gamma = R(x)[K + 1/R(x)]$，则有：

$$M_{t+1} = \gamma M_t(1 - M_t) \tag{5-3}$$

式（5-3）就是混沌理论中的 Logistic 方程，它反映了事物自我发展、自我约束以及与其生存的环境协调成长的规则。这一式用在组织资本增长管理中，反映了组织模式对组织资本的贡献在组织整个生命周期中不断增长的过程。如果把包含组织模式在内的组织系统与其所处组织环境构成一个开放的复杂系统，那么系统的发展状态就是一个状态变量。决定系统状态变量的因素主要有两种：内因和外因。内因是系统的本质特性，是由系统的内部作用决定的，在此反映在 M_t 的函数关系上，即组织模式与组织资本的关系。而外因是影响系统的外部环境，是该系统赖以生存的环境条件，即影响组织运行的各个要素的作用，在这里集中反映在参数 γ 上。因此，从式（5-3）可以看出组织模式对组织资本的影响作用集中体现在参数 γ 上，也就是说，γ 是决定组织模式对组织资本增长贡献的重要控制变量。

根据混沌理论的分析结果，如果用 Logistic 方程来描述系统发展状态，那么这一系统未来的状态是平衡的、周期性变化的还是混沌的，取决于外部条件即参数 γ 的取值。环境变量可以用一个连续的变量来描述，即从稳定到混乱，因此 γ 的连续变化反映了外界作用对组织模式变化的影响。通过对 γ 的连续变化可以得到系统不同的状态，由混沌理论可知，系统会在某一时点发生分叉，并且分叉的速度越来越快，通过周期倍化最后走向混沌，如图 5-4 所示。

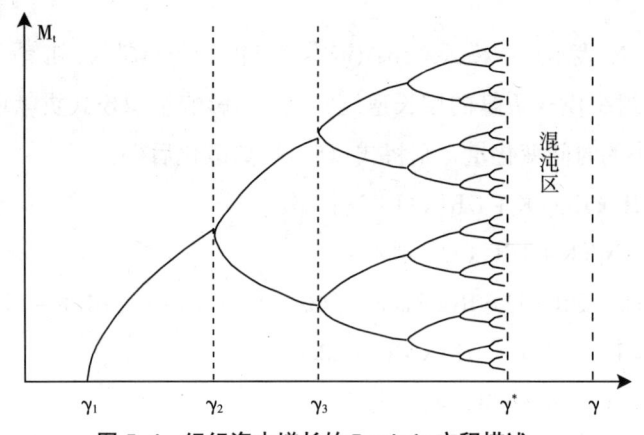

图 5-4　组织资本增长的 Logistic 方程描述

由图 5-4 可以直观地看出，当 $0<\gamma<\gamma_1$ 时，M_t 始终为 0，说明组织模式很不健全，对组织资本增长的贡献非常低，组织资本增长速度慢。当企业刚刚发展起来的时候，开拓市场是第一位的，至于组织内部如何运作，只要能够达到目的，任何方式都是可行的。

当 $\gamma_1<\gamma<\gamma_2$ 时，M_t 稳定上升，说明这时外部环境相对比较稳定，企业发展比较快，随着企业变得越来越庞大，组织模式的作用越来越突出。企业通过规范化管理，对组织模式进行梳理，按照标准流程进行运作，可以大大提高组织模式对组织资本的贡献，从而使企业的组织资本平稳增长。

当 $\gamma_2 < \gamma < \gamma_3$ 时，M_1 发生分叉行为，说明当 γ 达到 γ_2 的时候，企业需要进行组织创新，创新使企业模式向不同的方向发展，如果组织创新取得成功，那么会朝着组织资本增长的方向发展，反之，企业组织资本有可能朝着下降的方向发展。但只要企业不倒闭，还是会向前发展的，只是组织资本的水平比较低。而且当 γ 逐渐增大时，不管是高水平的组织资本还是低水平的组织资本，都会再次发生分叉，且分叉的速度越来越快。这也说明企业所处的环境越来越复杂，需要不断地进行创新才能适应环境的发展。

当 $\gamma > \gamma^*$ 时，则系统进入混沌区，这时环境是完全混乱的，组织模式对组织资本的贡献也是混乱的，需要重新设计新的组织模式以支持新的业务。企业系统进入混沌之后并不是完全混乱的，混沌中存在"窗口"，如果企业能够把握好这些"窗口"，组织模式会发生新的跃变，使组织资本进入更高层次的发展轨道。

5.4 组织资本增长导向的组织创新整合管理

5.4.1 组织创新整合管理的基本原则

（1）作为一个开放的知识系统，企业组织创新的开展应与企业组织环境知识及其特性相一致。企业所处的环境本质上是一个知识系统，环境的特性以及环境中的知识对组织既有组织资本存量产生重要影响，进而改变企业的战略、结构、流程和文化四要素，诱发企业组织的创新。为了创造持续竞争优势，企业组织创新的开展应与企业的环境知识及其特性相一致。

（2）在有限理性的条件下，企业组织资本存量使企业组织创新具有边际搜寻倾向和路径依赖性，且其路径取向取决于企业既有的组织资本存量。边际搜寻倾向是指决策者倾向于在原有的方案"附近"（即边际）搜寻新的方案，它是人在有限理性压力下的必然结果。就企业的组织创新而言，边际搜寻倾向的现实结果表现为组织创新活动的路径依赖性，而且路径取向决定于企业的组织资本存量。从宏观上看，企业的组织创新往往是沿某条路径前进的，企业的组织资本存量是其历史的产物，而这个组织资本存量又决定了企业下一步可能选择的方向。

（3）知识是企业持续竞争优势的源泉，企业的组织创新活动应以创造持续竞争优势为中心。持续竞争优势可以看作是由"知识的不对称"所造成的。知识成为企业持续竞争优势的源泉，其原因一方面在于企业具有的组织资本存量的类型和特性，另一方面在于路径依赖性和历史依存性，使竞争优势得以保持和扩大。企业的组织创新以创造持续竞争优势为目标，因而，在其具体的开展过程，应以持续竞争优势为中心。

（4）企业的组织创新是一个持续的动态过程，在组织创新过程中，应保持战略、结构、流程和文化四要素的和谐一致。企业组织创新是一个对企业的战略、结构、流程、文化四要素进行持续变革和改造的动态过程。它的内在逻辑过程包括显过程和隐过程两个方面。显过程是随着创新思想的形成，主要在企业正式制度、结构和流程中展开的过程，它表现为组织诊断、创新设计、方案实施和创新评价四个正规的、可见的、连续的逻辑阶段。隐过程是随着创新思想的形成，主要体现在企业文化中的观念震荡、组织内部冲突和组织的重新社会化三个非正规的、看不见的、有时又是不连续的逻辑阶段。在企业组织创新过程中，只有将二者有机结合才能全面理解并有效实施和管理企业组织创新。所以，在企业组织创新过程中应保持战略、结构、流程和文化四要素的和谐一致。

（5）企业组织创新应减少机会主义行为，促进个体和团体的信任和合作，以利于知识在企业内的转移、共享和创新。机会主义导致企业内部知识共享和知识保护的困难。为了最大化的满足个人的短期利益，知识拥有者不愿意与其他人分享他的知识，同时，知识拥有者可能向企业的竞争对手出售知识，或者离开企业寻找更高的报酬。企业的组织创新应尽可能地减少机会主义行为，在企业内建立一种信任机制，促进个体和团队间的信任与合作，为知识在企业内的转移、共享与创新营造良好的组织氛围。

5.4.2 企业组织创新整合管理模型

本书之所以提出组织创新的整合模型，是因为组织创新是组织战略、结构、流程和文化创新的集合体，需要企业依据组织环境、组织发展阶段等权变因素对该四要素进行有效的整合。

如图 5-5 所示，从知识的视角来说，企业是一个生产性知识的集合体，其本质上是一个开放的、动态的、不断更新的、共享的知识系统。企业发展特定阶段的特定时点，有与之相对应的组织资本存量。企业组织创新是一个以企业组织环境为背景、持续竞争优势为中心、企业现有组织资本为基础、战略创新为导向，以组织结构和流程创新为载体、企业文化创新为底蕴、知识学习和知识创新为机制，以信息技术为工具的知识交流、积累与创新的过程，即组织资本增长导向的企业组织创新整合模型。

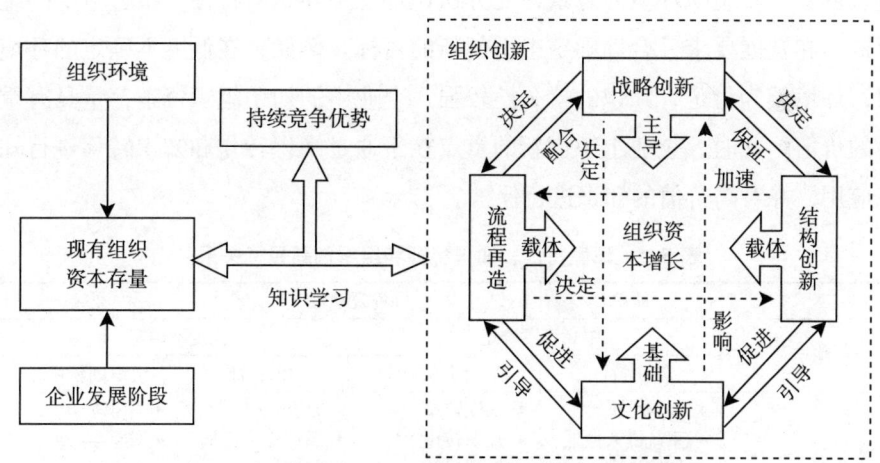

图 5-5　组织资本增长导向的企业组织创新整合模型

5.4.3 企业组织创新整合管理方法

5.4.3.1 以企业组织环境为背景

企业组织作为一个与外界保持着密切联系的开放系统,需要不断地与企业组织环境进行知识互动,因而,企业组织创新活动的开展必须以企业组织环境为背景。

(1) 企业和企业组织环境的知识互动。企业和其组织环境是互动的关系,企业从环境中获取资源进行加工的同时,也对环境进行塑造。一方面,企业与环境之间不断地进行物质资源和知识资源的交换;另一方面,当企业在环境中从事商业活动时,不断地创新和运用知识来影响和改造环境。

(2) 环境影响企业组织创新的基本目标。不同的组织环境提供的不同知识资源,从而使企业组织创新产生不同的目标,如表 5-1 所示。因而,企业组织创新应以组织环境为背景,充分认识环境中知识的特性,结合自身的组织资本和发展要求,合理确定组织创新的目标。例如,在低度不确定的环境中,环境较为稳定,知识的持久性较强,企业中的初始组织资本存量具有重要的价值。此时,企业组织创新的重点在于通过知识转化和知识转移进行知识应用,并对高价值的知识进行保护。

表 5-1 环境特性、知识特征和组织创新目标关系

	简单	环境复杂性		复杂
稳定	中高度不确定		高度不确定	
	知识特征	组织创新目标	知识特征	组织创新目标
环境的动态性	• 复杂性低 • 系统嵌入性低 • 持续性高	• 知识转移 • 知识转化 • 知识保护	• 复杂性高 • 系统嵌入性低 • 持续性高	• 知识创新 • 知识共享 • 知识保护
	低度不确定		中度不确定	
	知识特征	组织创新目标	知识特征	组织创新目标
动荡	• 复杂性低 • 系统嵌入性高 • 持续性低	• 知识获得 • 知识转化 • 知识转移	• 复杂性高 • 系统嵌入性高 • 持续性低	• 知识创新 • 知识共享 • 知识学习

5.4.3.2 以企业既有组织资本存量为基础

企业组织资本存量影响了企业对知识的吸收、转化能力,同时,使企业的组织创新表现为"路径依赖性",企业组织创新需要以企业既有组织资本存量为平台。

(1) 企业组织资本存量影响企业对知识的吸收能力。吸收能力是认识和利用来自企业外部知识的能力。企业对知识的吸收能力是既有知识存量的一个函数。这主要表现为:第一,已有知识能够增强学习的能力,组织资本存量通过相互联系的学习得以发展;第二,组织资本中原有知识的广度、知识之间的差异和联系可促进理解并获得新的知识;第三,组织资本影响解决问题的方法和启发式方法的获得。

(2) 企业组织资本存量影响企业对知识的转化能力。转化能力是基于企业内的知识来一体化企业内不同时点知识的能力。当涉及具有路径依赖性的累积性知识时,要充分维持企业的竞争优势,需要发挥企业对知识的转化能力,而企业知识存量影响转化能力的发挥。

(3) 企业组织资本存量导致企业组织创新的"路径依赖性"。企业在某一时点上的组织资本存量是其历史的产物,然而组织资本存量又决定了企业下一步可能选择的方向。企业的历史经历构成了企业的记忆或知识,从而形成企业组织资本存量。这个组织资本存量包含了企业组织创新可能选择的行动方案,企业组织创新活动范围一般并不会超出这个组织资本存量的边界。

当我们把企业视作具有记忆与学习能力的时候,它也同样如此,企业组织创新必须以企业既有组织资本存量为基础。

5.4.3.3 以企业战略创新为导向

企业战略是企业的竞争纲领,指明了企业进行竞争、谋求持续发展和稳步前进的根本方向与道路,因而是直接影响企业竞争力的重要因素。在西方,战略管理被称为组织管理的"顶尖石",具有前导性。世界上许多成功企业的经验说明:战略失误是企业管理中最大的失误。在企业的发展过程中，企业战略对企业宗旨和使命的确定、资源的有效整合、经营领域的选择、组织优势的定位等方面具有导向作用，因此，企业应以持续竞争优势为中心，对其现有的企业知识和环境知识进行有效的分析，认真地做好战略规划工作。

（1）企业组织资本SWOT分析法。利用传统的战略分析工具——SWOT模型来对企业组织资本进行分析，是本书在战略定位选择上的基本方法。在SWOT分析框架中，优势和劣势代表企业能够采取的战略行动，机会和威胁决定了企业必须采取的战略行动。这两者之间的差距就称为"战略差距"，每个企业都会面临一定的战略差距。企业战略选择的实质，就是企业如何在"能够做"和"必须做"之间进行平衡，以发展和保护自己的战略地位。

企业组织资本的SWOT分析模型，即企业结合对企业组织资本的战略分析，对自身所拥有知识资源的优势、劣势、所面临的机会和威胁进行全面的分析。通过这种分析方法，企业可以实现以下目的：第一，了解目前企业组织资本和企业战略的匹配程度；第二，明晰企业所面临的知识领域的机会和威胁；第三，衡量自身的知识资源和能力；第四，了解潜存的组织资本差距。

（2）基于组织资本差距的企业战略创新。组织资本差距导致战略差距，即企业为实施战略所应当具备的组织资本与实际上掌握的组织资本之间的差距，导致了企业战略差距的存在。通过企业组织资本SWOT分析法，企业可以选择一个合适的战略定位，增强其知识优势、改进其知识劣势，创造持续竞争优势，如图5-6所示。

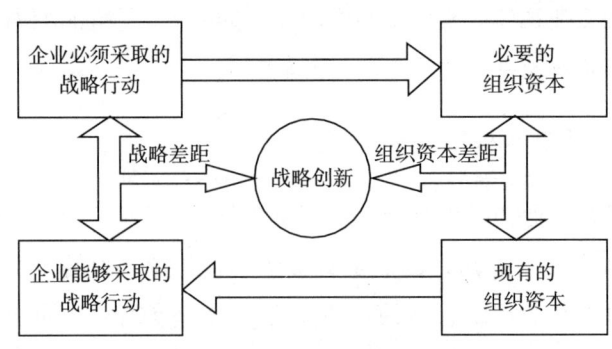

图5-6 基于组织资本差距的战略选择

5.4.3.4 以企业组织结构和流程创新为载体

（1）企业组织结构创新。企业的组织结构包括企业部门的多少、管理跨度以及企业规范化和集权化程度。企业组织创新以企业组织结构创新为载体，主要是因为：第一，企业组织结构是企业决策的执行载体，其合理性影响企业信息流、人员流、资金流和物质流等流动的效率。第二，特定的组织结构方式与企业所处的特定阶段、环境等相适应。随着企业组织环境、核心能力、企业战略等因素的变动，企业组织结构必须进行相应的调整和变化，以保证企业组织创新的实现。

知识及其在企业中的分布，很大程度上决定了组织结构，而组织结构反过来也会影响企业内部知识共享和创新的效果。纵观企业组织的发展历史，在企业组织从出现进而向现代企业的演进过程中，企业组织结构实现了从"工匠型企业家"管理的企业到团队型组织、网络组织等的演变，这一过程与知识的共享、交流、转移和创新紧密联系。企业组织结构的演变和创新是适应环境中的知识及其特性变动和企业组织资本变化的要求和结果。

例如，在组织运行环境相对稳定，组织运转基本程序化的历史条件下，管理者可以根据惯例或制度赋予的权威、行使决策等职能，引导组织去实现其宗旨和目标。此时企业的组织结构主要以 U 型、M 型组织为主。这种以劳动分工为原则来设计并构建的科层组织结构可以保持个体专业化知识积累的高效率。但在不同专业化知识的协调性与共享性方面具有严重的不足。各个专业化部门只需专注于完成自己的任务，而不必或无权去关注其他部门的工作完成情况，部门之间的协调与衔接非常困难，不利于知识的交流与共享。因此这种组织结构虽然具有一定的稳定性，但却比较僵化，灵活性与应变性差，不利于知识创新。随着外部环境变化的加快，企业组织面临着强大的技术压力与环境压力，企业组织中个体专业化知识积累的高效率所带来的收益无法抵消内部知识协调与沟通复杂化所增加的额外成本。为了更有利于企业内分工单位间的知识协调、交流与协作，企业组织结构的设置应有利于知识的获取、形成、运用和积累；有利于知识的快速流动，避免知识的流失和信息的失真，为创新人员及时正确地获取所需的知识提供有力的组织保障。同时企业的组织结构设置应以减少组织中间层次、增强组织的灵活性为目标，它的作用在于减少组织的中间层次，消除知识传递的障碍，降低知识传递过程中的误差，形成平等畅通的互动渠道，有利于提高管理者的决策效率和员工的总体素质，发挥员工的潜能和创造性。此外，组织资本增长导向的企业组织结构更应有助于营造宽松、宽容的环境，促进员工知识共享与创新，使组织更有效地创造和积累知识，形成一种能持续进行组织知识创造的理想结构，并及时地把创新成果市场化。

（2）企业组织流程创新。企业流程设计的实质是按照一定程序选择和组合知识的过程，即根据企业的知识现状和知识需求，选择适合企业的知识管理方法和应用程序，以保证企业目标的实现。

企业流程是围绕价值创造的既分离又相互关联的行为过程，是企业组织运行的基本体系。流程作为完成一种工作或一件任务、一件事的全过程，可以从其三个特性进行相应的知识分析：一是流程逻辑性的知识分析。流程是包含诸多工作环节和程序的全过程，其逻辑是一种工作习惯，反映了当时的生产技术知识、管理知识和人们积累的经验知识。流程的逻辑性取决于特定历史条件下企业所掌握的生产技术知识。二是流程变动性的知识分析。企业知识的变动导致流程的变动。一旦企业战略、结构等要素发生变动，与之相关的流程也自然发生变动。流程的变动性还表现为流程中工作程序、工作步骤的变动性。不同的技术知识会导致不同的劳动分工，从而形成不同的流程。三是流程可分解性的知识分析。流程的可分解性是指流程可以按工作顺序、工作步骤将一些最基本的环节分解出来成为流程中相对独立的一个步骤，它受知识分工程度、技术知识水平、员工素质的制约。

企业流程是企业活动的载体，按照其对企业利润和价值创造的贡献不同，流程体系可分为四类：核心业务流程、主业务流程、辅助业务流程、非经营业务流程。在企业经营过程中，这些流程之间存在着纵横交错的关系。

基于知识价值链的企业流程创新，是指企业流程应以知识价值链为依托进行重新设计。通过对整个"知识链"中各环节之间知识的获取、存储、积累、创新及运用的计划、协调、控制和整合,实现"快速流动"和"准确连接",从而最大化整个组织和生产体系的运作效益和效率。在具体操作过程中,表现为以下三个方面:第一,根据知识价值链的转变调整企业流程导向。第二,根据知识价值链中知识的重要性,识别并确定企业核心流程,识别非经营性流程,尽可能剔除不必要的业务流程。第三,创新协同。将基于知识链的业务流程设计置于企业整体知识系统,实现流程创新与战略、结构、文化创新的协同。

5.4.3.5 以企业文化创新为底蕴

MIT 的 Edgar H. Schein 教授指出,企业文化是指在一定的社会经济条件下通过社会实践所形成的并成为全体成员遵循的共同意识价值观念、职业道德、行为规范和准则的总和。企业文化是一个企业或组织在自身发展过程中形成的以价值为核心的独特的文化管理模式,它也是国家社会文化与组织管理实践相融合的产物。企业文化对企业组织创新的成败、企业持续竞争优势的创造具有重大的意义,所以,企业组织创新必须以文化创新为底蕴。

从知识的角度来看,企业文化是企业内所形成的一个由正式和非正式组织信息、符号和语言组成的"共同知识"集,它依赖于特定的组织目标,具有一定的默示性,能够促使组织知识的交流和协调。由于知识及其创新具有情境性与路径依赖性等特征,组织创新与知识创新的开展除了受学习动力机制影响外,还受内部文化与规则的影响。企业协调整合并创新知识的能力是其特有的,体现在企业组织的成规之中。企业成规的形成过程实质上是知识在企业内部的社会化过程,正是成规的存在决定了企业组织在生产过程中协调个人知识和组织合作方面具有比市场更高的效率,也决定了企业组织成长过程呈现出路径依赖的特征。

企业文化能够影响个体与组织的学习效果,并最终决定组织创新的结果。为了在创新过程中实现"通过创造知识来创造价值"的创新目标,组织创新管理必须致力于营造创新型文化和知识学习氛围,即共享的情境,并在此情境中建立起知识共享和转移(默示性知识之间以及不同类型知识之间相互转移）的激励机制和分散化决策机制。

5.4.3.6 以知识学习和知识创新为机制

（1）知识学习中的知识转换机理。知识学习是组织及其成员对存在于组织内外的知识加以吸收、传播、运用、创造和记忆，是组织适应不断变化的环境的过程。

知识的转换通常需要通过企业内外的协作和知识的流动以及相互作用才能实现。Nonaka 和 Takeuchi（1995）指出，知识转换是包含四种基本转换形式的螺旋过程，如图 5-7 所示。

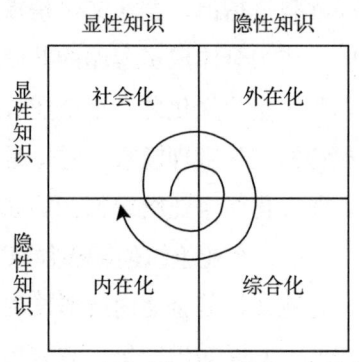

图 5-7　知识转化的 SECI 模型及知识螺旋

一是社会化（Socialization），从隐性知识（默示性知识）中获得隐性知识。社会化是一个个人间共享隐性知识的过程。在这个过程中个人通过相互之间的直接沟通与交流，通过观察、模仿和亲身体验等形式使隐性知识得以传递。由于新知识往往源自个人，因此，知识学习是从个人间共享隐性知识开始的。通过社会化过程，产生共鸣知识。

二是外在化（Externalization），从隐性知识中获得显性知识（明晰性知识）。这个过程依赖于比喻、比较、假设、推理等多种方法和工具，在共享和集成个人及团队的隐性知识的基础上创造出新知识，如产品开发中新观念的提出、技术诀窍的文字化、顾客潜在需求的具体描述等。通过外在化，产生观念性知识。

三是综合化（Combination），从显性知识中获得显性知识。综合化是个体和团队将各种外在化的显性知识加以综合而创造新知识的过程。例如，利用语言、文件、设计图、数据库、计算机等工具将个体和团队中的一些不连贯、缺乏系统性的显性知识进行高效的整理、综合，划分新的知识单元，改变知识结构，从而创造新的知识。通过综合化过程，产生系统化知识。

四是内在化（Internalization），从显性知识获得隐性知识。内在化是组织各成员将整理综合的新知识（组织知识）转化为自身隐性知识的过程。通过内在化过程，产生操作性知识。此后，新一轮的知识学习循环又开始了。

（2）知识学习和知识创新的过程。企业的知识学习与知识创新过程，如图5-8所示，主要包括四个阶段：

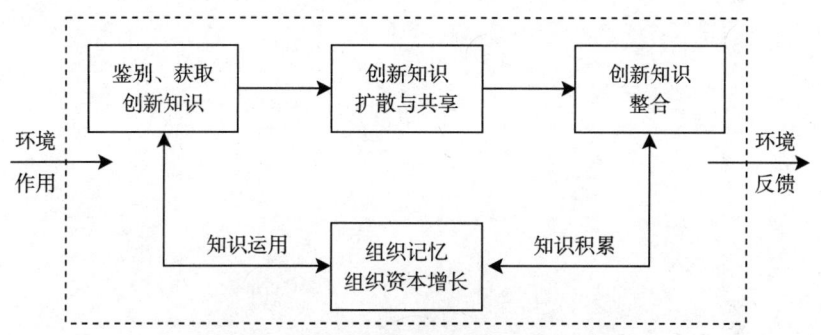

图5-8　组织创新过程中知识学习与知识创新

1）鉴别并获取创新知识。这一过程取决于企业成员鉴别创新知识的能力，而这一能力大多存在于企业的隐性知识中。

2）创新知识的扩散与学习。相关知识在企业内部个体、团队和部门中流动，包括隐性知识与显性知识的流动以及它们之间的转化，这样知识才能有效地发挥它们的作用，并获得增值。

3）整合创新知识与思维模式。即创新知识在企业相关个体、团队与部门中扩散、共享与学习后，最终应整合形成企业的共有思维模式，用以指导企业行为，并以企业记忆的方式更新和存储于企业组织资本之中。

4）企业记忆与组织资本增长。在知识学习与知识创新过程中，企业记忆扮演了极其重要的角色，学习与知识创新的有效性取决于企业记忆的效力,即组织资本存量决定了企业运作的绩效。企业本质上是一系列高度专有的、具有再生能力的知识仓库,这种知识以各种不同的形式存在于企业的运作规程和常规中。因此,要求企业具备必要的流程、结构、方法和机制来积累和存储各个阶段所产生的知识,并使知识学习与知识创新成为一个不断改善绩效的过程。

综上可知,在知识经济的时代,知识学习和知识创新对企业组织创新活动的成败具有极为重要的作用,企业组织创新应以知识学习和知识创新为机制。

第6章 战略管理与组织资本价值提取能力提升

组织资本具有异质性、价值性、不可复制性和不可替代性等特征，这些特性决定了其能够给企业带来高额经济利润。然而，成功的企业经常会面临以下矛盾：一方面，为了取得优势，需要不断加强现有知识技能的深度，形成企业的组织资本；而另一方面，在企业竭力去挖掘和利用现有知识和技能的同时，如果忽视了其他知识和技能的获取或忽视了外界环境的变化——竞争对手能力的提升、新技术的出现、客户需求的变化，则可能使企业精心培育的组织资本阻碍企业的持续发展。因此，企业需要通过战略管理建立起适应环境变化的组织资本价值提取机制。本章在分析战略管理对组织资本价值实现的作用的基础上，提出了基于柔性管理和多元化战略的组织资本价值提取能力的提升方法。

6.1 战略管理对组织资本价值提取的作用

在一个动态的环境中，机会不断地出现，而把握这些机会，需要对企业组织资本进行动态管理。企业不仅需要了解自身拥有和可能拥有的组织资本，更要了解其潜在的价值可能，需要将这种价值可能与外部的市场机会相互匹配结合，从而获得利益。这样一个动态管理过程是一个全局性的问题，需要从战略管理的层面进行理解。在企业与外界动态适应的过程中，实际上

企业组织资本管理——基于价值创造的视角

是在寻求企业组织资本与产业价值链中的机会的有效匹配,也就是一个动态匹配的过程。在这个过程中,战略管理将起到重要的作用。

6.1.1 战略管理的内涵

按照一般定义,战略管理是企业确定自身使命,根据组织外部环境和内部条件设定战略目标,为保证目标的正确落实和实现进行谋划,依靠企业组织资本将这种谋划和决策付诸实施,以及在实施过程中进行控制的一个动态过程。这里有两个重要的内容:第一,战略管理不仅是战略的制定和规划,而且包括将战略付诸实施;第二,战略管理不是静态的,而是循环往复的动态管理过程,这是战略管理与传统的战略规划的主要区别,也是战略管理能够适应环境变化的关键所在。战略管理一般包括战略分析、战略实施、战略执行、战略评价、战略调整等管理环节。战略分析、配置和执行是其主要过程,战略评价和调整则体现了战略管理的动态特征,并对前三个过程形成反馈。战略管理之所以能够帮助企业提取组织资本价值,形成有利于获得竞争优势的企业能力,主要是因为它具有以下特点:

系统性。战略管理具有全局性和长远性,以高层管理者为主体,并涉及企业的大量资源。这个特点有利于企业调动整体的资源条件来关注核心的业务流程,并对整体能力加以培育。

动态性。战略管理是一个动态的过程,这种动态过程有利于企业在组织资本形成过程中适应市场和其他环境条件的变化,及时选择新的合适的发展起点。

实践性。战略管理将企业的长远目标和近期行动结合起来,能够将企业的战略目标与日常管理工作协调起来,从而使企业资源集中在关键能力的培育上。

结合战略管理特点和前面关于组织资本价值创造机理的分析,可以发现战略管理在帮助企业更新组织资本、实现组织资本与价值链机会的匹配、获得竞争优势方面所具有的重要价值。为了实现组织资本的价值,企业需要把具体的战略管理过程与组织资本价值提取过程结合起来。

6.1.2 战略管理与组织资本价值提取过程的耦合

组织资本的价值提取过程包括组织资本识别、组合和培育三个环节。组织资本识别就是分析获得竞争优势所需要的组织资本和企业目前的组织资本条件，找出差距，并研究自身组织资本发展的可能性，根据环境机会与企业条件相匹配的原则，确定企业需要重点培育的组织资本和培育这些组织资本的相应手段。组织资本组合就是将企业的现有知识和外部可以获得的知识进行重新组合配置，形成战略发展的新的知识平台。组织资本培育就是通过具体的管理执行，对企业知识的有效利用和学习创新，培育能够为企业带来竞争优势的组织资本。战略管理过程中的战略分析、战略实施和战略执行分别与组织资本形成的三个过程相对应，战略评价则是对组织资本所带来的竞争优势的评价，战略调整是根据评价结果而对战略所做出的相应调整。战略管理和组织资本价值提取的关系如图6-1所示。

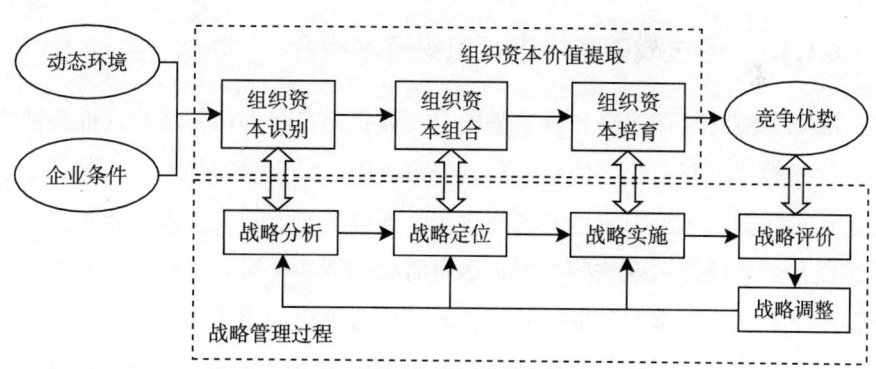

图6-1 基于战略管理的组织资本价值提取

6.1.2.1 通过战略分析识别组织资本缺口

战略分析要了解企业自身所处的相对地位，具有哪些资源和组织资本，为企业下一步的组织资本选择提供依据。包括外部环境状况分析和企业内部条件分析。通过环境分析，把握目前的环境状况和将来的变化趋势，可以明确要在竞争中获得优势，企业应该具有什么样的组织资本；通过企业内部条件分析，可以明确企业目前所具有的组织资本和发展潜力以及在竞争市场中的相对地位。这种企业组织资本的识别是企业建立竞争优势的基础。

在环境状况分析中，可以包括宏观环境因素分析、产业竞争性分析、产业内部结构分析等。要分析这些变化给企业带来的是机会还是威胁。其中，宏观环境因素分析包括与企业有关的政治、经济、技术、社会等因素；产业竞争性分析包括本行业的竞争格局以及本行业与其他行业的关系；产业内部结构分析包括在同一产业中，企业之间的经营差异以及这些差异与它们的战略地位的关系。在企业内部条件的分析中包括企业内部环境的基本分析、企业与竞争者的对比分析等。其中，内部环境的基本分析是指通过对企业的组织结构、业务流程、企业文化、信息系统、技术水平、创新能力等情况的分析，确定企业目前的组织资本条件和将来的发展潜力；竞争力量的对比分析则是通过将企业与竞争者或其他参照企业进行对比，进一步明确企业的长处和弱点，为企业下一步的组织资本选择提供依据。

6.1.2.2 通过战略实施进行组织资本组合

战略实施就是在战略分析的基础上，寻找企业在外部环境和内部条件之间可行的最佳战略组合，使企业在竞争市场中有可能获得优势。这种战略实施过程实际就是对组织资本的选择过程，即确定企业需要重点培育和强化的组织资本，并设计实现这些组织资本所需要的战略手段。组织资本的组合不仅需要考虑组织资本与环境的匹配，而且要考虑组成组织资本的各要素之间的相互匹配。这些匹配有利于企业把握机遇回避风险，并提高企业资源的使用效率。组织资本的合适选择是企业建立竞争优势的必要条件。具体的战略实施中包括对企业使命的反思，战略业务单元的选择，各业务单元的竞争战略确定，以及具体职能层次的战略确定。实际上，在环境变化的情况下，一些企业原有的资源条件和组织资本常常无法适应环境的要求，具体的表现就是企业所面临的各种战略困境，其中包括业务的成长障碍、资源的无法有效利用、组织效率的降低等。在这种情况下,企业需要重新架构合适的战略体系来选择组织资本、改善组织资本与环境及企业资源的匹配状态。

6.1.2.3 通过战略执行来培育组织资本

战略分析和战略实施明确了企业建立竞争优势所应具有的组织资本和实现这些组织资本的战略途径,并将相关的组织资本进行了组合。但是简单的组合并不能产生持续的竞争优势,企业需要通过切实有效的战略执行来培育和强化企业的组织资本,企业需要在组织资本识别和组织资本选择的基础上,通过具体的管理措施和管理过程,建立能够为企业带来持续竞争优势的组织资本。对于国内许多老企业来说,由于在长期计划体制下所形成的业务基础和管理传统,其组织资本的培育需要一个逐步深入的过程,尤其是必须通过企业本身的管理体制变革来构筑组织资本培育的基础条件。在战略执行中必须重视企业的现实条件,把握关键问题,采取实际有效的管理措施;同时必须认识到战略管理是一个系统管理的过程,许多管理问题是相互关联的,要重视解决"瓶颈"问题。

6.1.2.4 战略评价和调整

战略管理是一个动态的过程,其中包括战略评价和战略调整过程。当企业缺乏必要的组织资本时常常会使工作发生偏差,同时战略制定不当或环境发生变化也可能导致战略部分或全部不适用,因此企业需要动态地对战略执行状况进行评价,通过分析企业在市场中的相对地位,来考察企业的组织资本培育是否有效,必要时对战略作出相应调整。这种战略评价和调整过程的目的就是保证建立有效的组织资本,并最终使企业获得实际的竞争优势。

6.2 组织资本价值提取的战略管理过程

企业组织资本是基于主导优势,在企业战略驱动下,实现价值链和知识链互动积累而成的格式化知识。而逐渐增强的组织资本反过来会影响企业战略和价值实现。所以从企业战略角度审视企业和市场环境,实现基于组织资本价值提取的企业战略管理,提高组织资本的环境适应性和价值创造性是企业组织资本有效运用的关键和根本目的。

6.2.1 战略分析与环境扫描

组织资本调整是两方面因素作用的结果:一方面是外部环境发生剧烈变动,如产业发展、顾客价值变化与创新、竞争对手战略调整等,导致企业难以适应新环境,从而引发企业进行内部调整,这种调整是在外力作用下产生的;另一方面是随着企业自身的发展,原有的组织资本难以适应自身继续发展(企业成长要求与抱负水平)的需求,或者企业内部存在未利用的资源,都会导致企业进行调整,这种变化是内力引发的。

在激烈动荡的市场环境中,企业竞争呈现出动态化特征,竞争能否成功,取决于对市场趋势的预测和对变化中顾客需求的快速响应。在这种竞争态势下,动态能力观强调企业要以主动的姿态去应对内外环境的变化。主动的姿态主要表现为企业要进行环境扫描与环境预测,这与传统战略管理中的战略分析是一致的。环境扫描与环境预测是提高组织资本价值提取能力的前提条件。

环境扫描就是系统地检查内外环境以获取战略信息的一种手段。机会的识别依靠环境扫描。环境扫描就如同一个企业预警系统,其目的在于及早确定出现的问题,以便有时间采取合适的措施,防患于未然。当今日益增加的动荡不安和难以预测的竞争环境，使得越来越多的组织认识到需要对它们的环境进行系统的扫描和分析。

任何企业都是在一定环境中生存和发展的。相对于企业的内部条件，外部环境对企业而言一般是不可控的，甚至是难以预料的。如何认识和把握外部环境是企业经营面临的一个重要问题。只有那些使用持续的环境扫描法来分析社会经济、政治及技术趋势的企业才有可能预测到未来的机会和威胁。

总之，在战略分析阶段，企业主要是通过环境扫描了解企业自身的组织资本和自身所处的相对地位，为企业下一步的战略定位提供依据。

6.2.2 战略定位与组织资本需求

对内外环境的变化进行环境扫描和预测后，企业识别可以利用的机会，进行战略定位，为形成新的竞争优势提供基础。企业的战略定位是指企业在战略规划期末将要成为一个什么性质和目标的企业，其实质就是对将要进入什么产业并形成怎样的产业组合，以及在价值链活动中选取哪一段作为企业的主营业务进行选择。当然，战略定位往往还包括地域的内容，地域的选择会影响企业所要建立竞争力的相对水平。

在动态竞争环境里，企业竞争力与比较范围有关，比较的因素有经营区域——国内、国外产业位置以及价值链环节等。这个范围是由环境、企业抱负和组织资本共同影响下的战略定位决定的。同时，企业注册地、经营地的政策等环境对企业竞争力的形成有着很重要的作用。

假定将一个企业的演化过程从时间上划分为若干周期，用 T_1、T_2，……来表示，可以用图 6-2 来描述企业状态在内、外部环境变动下的演化过程。当期的市场环境和企业组织资本状态决定了企业的当期选择，企业当期选择的结果表现为企业组织资本的变化，即由状态 1（当前状态）变化到状态 2（下一期状态），企业在下一期的组织资本和市场环境又决定了企业下一期的选择，由此不断循环下去，企业的组织资本不断进行调整和变化。

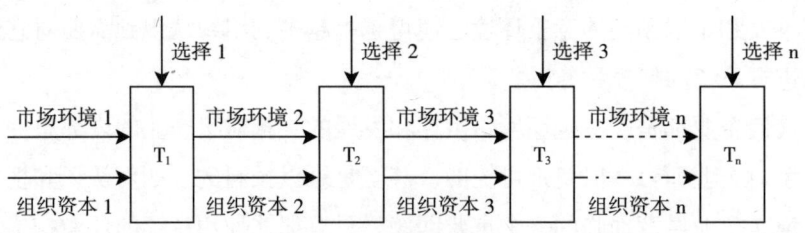

图 6-2　企业演化过程

行业成功关键因素对行业内所有企业都有借鉴作用，但并不意味着行业内所有企业都应针对这些成功关键因素建立同样的竞争力。事实上，行业内获得持续竞争优势的各个企业间所建立的竞争力都不会完全相同。行业成功关键因素只是给出企业所应建立竞争力的指导和方向，而具体应围绕哪些成功关键因素来建立还取决于企业的战略定位。战略定位是企业在长远发展前必须进行的重要决策，选择什么样的战略定位，就等于选择了企业在什么地方生存和发展，以何种方式生存和发展，同样也决定了企业所应建立竞争力的组织资本需求，为组织资本改变确定了方向。

通过战略定位，决定了企业的能力需求，与此同时，也提出了组织资本的需求。在任何一个时点上，企业都会拥有基于先前组织资本基础之上进行决策后带来的组织资本储备。在先前的决策中，组织资本被指定用于特定的用途。由于组织资本积累具有时间路径的不可逆性，因而关键性的"选择"决策一旦做出，企业有关未来的组织资本的投资就将选定，组织资本就将以既定的方向积淀、发展。组织资本通常是由一段时间内企业自身复杂的历史和难以计数的小决策决定。

企业组织资本是企业战略的支撑。正因为组织资本是企业实施战略的关键因素，企业实际上处于对组织资本的不断追逐之中，同时，战略随着企业经营环境的变化往往也发生变化，在这个过程中，组织资本也在不断演化。组织资本是通过资源（尤其是知识）的积累而开发出来的。知识在组织资本的发展过程中起着重要作用。

在企业的竞争力和战略意图之间的缺口，被称为战略缺口，企业根据环境的动态性及其特殊要求，特别是多数顾客不断变化的需求与偏好以及有关

第6章 战略管理与组织资本价值提取能力提升

的竞争互动,确定自己的战略意图,战略缺口是推动企业发展的重要动力。战略缺口必然体现为已备组织资本与企业实现其战略所必须具备的组织资本之间的缺口,称为组织资本缺口。企业适应外部环境产生的组织资本需求与其自身条件形成的组织资本供给并不总是吻合的。虽然有一部分组织资本既是企业自身具有的,又是企业适应外部环境所需要的,但是,也有一些组织资本是企业适应外部环境所需要的,而企业自身并不具备这些组织资本,还有一些组织资本相对于企业的外部环境而言是富裕的。这样,在组织资本的需求与供给之间就会存在差异,当企业所需的组织资本正是其所具备的,则称为组织资本吻合。当企业的组织资本水平低于实现企业既定战略或保护企业竞争地位所要求的水平时,就必须填补组织资本缺口。

在论述企业组织资本和知识的关系时,本书已经强调了企业组织资本的知识性,组织资本需求的本质体现为对于知识的需求。知识是"知"和"识"的有机结合体。所谓的"知"是指实体的和存量的知识,所谓的"识",是指知识的动态性、周期性和过程性,它是企业已有的知识结构和认知能力的结合,这种认知能力本质上就是一种学习能力,"识"比"知"更重要,企业的竞争力主要体现在"识"方面。

企业组织资本的发展基于其组织资本积累机制——学习机制。由于企业组织资本的知识属性,组织资本的积累过程是一个组织学习的过程,因此学习组织资本是推动企业组织资本动态发展的关键。Dosi 和 Malerba(2002)指出,组织学习是企业内部的积累性过程,与认知结构、企业的当前知识和组织资本高度相关。当前的知识存量所形成的知识结构决定着企业发现未来机会、配置资源的方法。这是因为企业内各种资源发挥程度的差别都是由企业现有的知识所决定的,而与企业知识密切相关的学习能力决定了企业的知识积累,从而决定了企业的竞争优势。各企业所面对的外部环境从客观上来说都是相同的,但由于企业的知识结构和学习能力不尽一致,所以它们所能发现的市场机会也不相同。因此,作为一个由组织学习推动的知识积累过程,组织资本的积累基于企业以往的组织资本,如图6-3所示。

企业活动通过将投入的资源(包括知识)转化成产品或服务,达到实现

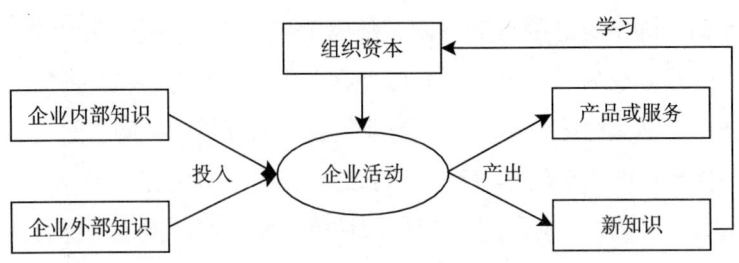

图6-3 基于知识积累的企业组织资本形成

其价值的目的。同时,通过这一转化过程,产生了新的知识,而这些知识不断积累,最终形成企业的组织资本。在知识积累的同时也存在着知识的流失,知识的流失也意味着组织资本的丧失,这将延缓企业竞争力演化的进程。正是由于企业的知识体系的不断新陈代谢才保证了企业竞争力的先进性、有效性和持久性。

组织资本发展的基本途径反映了组织资本提高的过程。企业通过搜寻适合组织资本发展的可行的选择,并结合随时间积累起来的经验,组织资本得到发展。这里的选择是为达到组织资本目标的一种尝试性方法。选择时也许在输入种类上是不同的,如完成活动的任务特点、在各类任务中所需协调种类的不同和输出或活动的目标的不同。如果企业有着不同的初始人力资本、社会资本和认知的构成,有着相同目标的企业也许会有不同的选择。这也就是组织资本的路径依赖,所以组织资本发展本质上是异质的。在这种选择发展过程中,可选择模仿已存在其他企业中的组织资本,或者通过靠自身发展新的组织资本,两种情况下都需要组织学习。在学习思考的过程中,组织资本的发展通过重复过程继续前进,有时这种过程也许并不是很顺利。

组织资本的发展到了成熟阶段主要承担着组织资本的维持,这意味着组织资本不断被使用。如果组织资本不断使用,组织资本将越来越深地根植于组织中,规则成为了习惯。一段时间后,组织资本将变得静态了。然而,如果组织资本使用中断,会导致企业的这种组织资本的衰退,组织资本的维持依赖于锻炼组织资本的频率和持续程度。在确定组织资本需求阶段,一定要经过慎重的分析,否则,一旦决策失误,竞争力不但得不到提升,而且还会因为资源和组织资本的耗费,给企业带来损失甚至毁灭。

6.2.3 战略实施与组织资本投资

在明确了企业组织资本需求和实现这些组织资本所需的资源需求的基础上,通过切实有效的战略实施才能实现战略目标,这个过程也是企业组织资本的培育和强化过程。任何企业在面对变化的环境时,其资源、组织资本的价值都可能随着时间的推移而削减。企业组织资本的培育不仅仅是内在化的,而是要通过"摸索过程"寻找更好的解答。必须在"试验和错误"的过程中,在与外界环境的互动中培育和构建起与环境相适应的组织资本。要构建组织资本,一个企业需要包括人力资源在内的企业内外资源的投入,即组织资本投资。

组织资本投资是在一定战略定位下,根据实现战略目标和规划对组织资本的新的要求,着力于组织资本建设的过程。在这个过程中有以下两个原则性问题必须解决:

(1) 在环境预测和战略分析的基础上,确定组织资本规划和组织资本投资方案,并找到竞争力发展的突破口。在现实中,企业的资源是有限的,而且企业之间的竞争也不会给企业足够的时间和空间来实现组织资本的"理想构建"。因此,对于企业来说,构建竞争优势的核心是选择重点突破口,即企业将资源配置到关键组织资本的培育上,通过具体的战略管理措施将资源转化为能够为企业带来竞争优势的组织资本,并通过"点"上的突破实现重大、持久的改善。企业在找到突破口后,应该专注于这个突破口,并以这个突破口作为"杠杆"的支点,来撬动竞争优势的其他构成要素的发育和发展,进而从多方面实现对关键组织资本的培育。

(2) 企业战略的实施需要各类组织资本全方位支撑。对组织资本投资除了"点"上突破外,还有很重要的工作是实现各组织资本的协调,使企业内组织资本平衡,为获得企业竞争力提供保障。然而,许多企业在组织资本突破后,不能及时进行协调,最终导致了企业的失败。

企业组织资本体系与木桶理论有共同之处，一方面，企业在各组织资本的培育上不可能面面俱到，只能根据企业自身的实际情况及所处行业的背景有重点地培育和提升企业的组织资本；另一方面，企业在运行过程中，其结构和状态往往处于不断的变化中，企业组织资本各层面演化的速度不一定一致，如果有快慢，就有不均衡，即企业各种组织资本往往是优劣不齐的，如果企业在一种组织资本方面存在"短板"，那么其他各方面的组织资本在市场竞争中都要大打折扣。因为最短的"木板"对最长的"木板"起着限制和制约作用，从而决定了整个企业的竞争力。

因此，企业要想做好、做强，必须补齐"短板"——填平补齐企业组织资本的薄弱环节，即对组织资本进行协调。补齐并不是单纯地从资源数量或价值上的等量，而是一种功能匹配上的互补与平衡。

平衡状态应该是一种暂时的现象，而不平衡状态则是一种常态。对于任何一个开放的经济系统，平衡是相对的，是有条件的暂时稳定。不平衡可以看成是演化和创新的动力源。当企业的大部分"短板"都补得差不多时，竞争就看谁能先发展出一块更长的"木板"。此外，企业的各种组织资本之间是否匹配直接影响企业的竞争力。所以，企业的组织资本发展必须做到："补齐短板，提升长板，提高匹配度"。持续不断地培养适合新环境的组织资本是企业提高竞争力的关键。

6.2.4 战略评价、调整与组织资本价值提取

Lewin（1951）认为，组织是处于平衡状态的各种力的"力场"：一方面组织存在很多的驱动力量，如竞争压力、新技术的传播、顾客需求的变化等，另一方面，有同样多的"抵制力量"来制衡驱动力量，例如企业中的惯例等，两方面的力量均衡时，系统处于平衡状态。各种力量处于平衡状态是相对的，事实上，一个组织永远不会处于"稳固的"平衡状态，而是处于不断地与环境相互适应的过程。这可以比作一条波澜不惊的河流：看起来是相对静止的，实际上却在不断地缓慢运动和变化。企业组织资本的价值提取过

程也是一样的，企业生存必然会受到外部环境的影响，同时又必须面对环境的变化，企业要生存和发展，必须能够主动适应环境变化并和环境维持一种动态平衡的互动关系。一旦由于环境的变化，企业原有的组织资本无法适应环境的要求，组织资本价值就会衰退或消失，企业必须重新回到战略分析上来，重新设计合适的战略体系，通过组织资本选择、组织资本改善以及组织资本整合，才能达到与环境匹配的状态。

因此，企业要动态地对战略实施状况进行评价，通过分析企业在市场中的相对地位，来考察企业的组织资本培育是否有效，必要时对战略做出相应调整。这种战略评价和调整过程的目的就是保证建立有效的企业组织资本，并最终使企业获得持续竞争力。

6.3 柔性管理与组织资本价值提取

6.3.1 组织资本柔性对战略调整的作用

柔性是一个与动态环境相适应的概念。组织资本柔性是指企业的组织资本与内外部环境互动、适应环境变化，进而及时、低成本地做出战略调整或转换的能力。这种能力表现为，战略管理在为了满足环境的要求而整合、重构内外组织技巧、资源与功能性能力过程中的关键作用；取决于组织过程（用以协调/整合和重构以及转变）、位置（企业的特定资源，如技术、财务、声誉、结构、制度、市场及互补资产等）和发展路径（以前的投资和所储存的惯例等）三个关键因素。组织资本柔性强调以下几个方面：

(1) 强调组织资本柔性的目的性。其目的是为了便捷地实现企业战略及其管理模式的转换，即动态化，也就是依据环境变化的战略反应能力和适应能力。

(2) 强调组织资本的范围柔性和反应柔性。范围柔性是指组织资本在特定活动范围内、在不同战略和战略管理模式之间进行转换的便利程度;反应柔性就是组织资本对各种可预测和不可预测的变化做出反应的能力。实际上,这两个方面体现的是在快速变化的环境中组织资本延伸的范围与反应速度。

(3) 强调组织资本的时间柔性和效益性。时间柔性是组织资本与变化的战略及其管理模式相适应所需要的时间,反映的是在既定时间限度内的适应能力;效益性是指组织资本的柔性水平不是无限度的,应该考虑其成本和收益,讲究投入与产出。

组织资本柔性有助于企业战略模式的调整或转换,至少可以:①增大战略管理模式选择的空间,因为组织资本柔性越强,杠杆作用越明显,企业战略应变能力越高;②降低战略管理模式转换的风险,因为转换必然会存在风险,不仅外部环境不确定,而且内部因素也可能不适应,组织资本柔性强,说明应对各种不确定性的能力强;③克服路径依赖的负面影响,因为路径依赖一方面可以提高企业资源和能力的专用性,有助于维持企业的竞争力,但另一方面,对内部制度、风气、习惯或惯例的过分遵循,可能会影响企业员工的行为,束缚他们的心智模式和整个组织的行为模式,最终导致组织资本刚性。所以,通过组织资本柔性的提高可以减少路径依赖对战略管理模式转换的消极作用。

6.3.2 组织资本柔性管理的基本途径

由于企业组织资本各要素之间具有相当的关联性以及组织资本形成后具有很强的自我强化能力,所以,组织资本柔性的提高是一个复杂的系统工程,可以从多种角度、多个方面,采取多种方法去进行。但是,概括起来无外乎内、外两种思路。

(1) 从企业内部增强组织资本柔性。这就要求不断增强企业内部非物质性资源和其他要素的柔性,包括组织、文化、制度、技术和流程,甚至决策者的能力等。可以通过建立学习型组织和文化培育来实现，尤其是学习型组织的建立。通过组织学习，促进企业中的非正式系统的更新，使其逐渐偏离到一种"混沌状态"，按照复杂科学的观点，这时创新最容易产生、柔性最容易形成。学习型组织使企业保持在一种动态变化之中，时刻准备着迎接环境变化的挑战，具有协作意愿、共同目标、双向沟通、联合团队和信息共享的基本特征。

（2）从企业外部增强组织资本柔性。这就要求企业通过外部资源的获得弥补内部资源和能力的不足，促进一般能力向组织资本的转化。主要可以通过向竞争对手学习或模仿、建立动态联盟、构建虚拟企业等方式来实现。虚拟企业是不同组织系统凭借各自核心优势，实行"强强合作"的一种动态联盟组织。一方面，虚拟企业网络化结构有助于不同组织的相互沟通，增加企业与市场的触角，提高企业对市场反应的灵敏性；另一方面，虚拟企业能够跨越空间、制度、文化等壁垒，实现企业资源和能力互补，提高企业的整体柔性。

组织与管理者的因素也决定着企业组织资本的柔性。一个开放的、灵活的双向学习型组织，比一个传统的层级式组织更能够适应动荡的环境。市场经济的快速发展留给市场因素的任务是刺激组织资本的创造性和对环境变革的适应性。罗珉（2005）指出，管理学应当采用开放的、动态的和历史的观点来看待组织及其管理实践整体形态的发生、生成和变化，把其归结为组织系统的持续演化。

知识经济时代的组织概念和边界远比现代管理学的定义更宽、更模糊化，因为在动态环境中，组织边界不可避免地随着组织环境的变化而变化。相对于以往组织层级多、结构僵化、沟通困难的组织而言，面向动态管理的组织是与动态竞争条件相适应的一种具有弹性的，即具有适应性、创新性、学习性及敏锐性的新型组织形态，它能将组织内各要素有机地结合起来，能根据企业环境变化，适时地进行战略调整，并结合企业的战略进行流程再造，其结构表现为扁平化与网络化。这种组织有如下特征：

(1) 组织结构的动态化。组织结构是一组上级和下属的垂直信息关联和下属不同任务单元间的水平信息关联关系。从组织内部对信息的要求来看，组织结构趋于扁平化，从而有利于加强信息的横向交流，一线员工被赋予更多的权力处理变化复杂的问题，并保证信息及时有效的传输和反馈。组织结构绝不可能静止不变，也没有一种最好的组织结构适用于任何一种环境，组织结构不仅要满足战略目标的要求，还要适应外部的竞争状况、技术变化及社会变革等环境的变化。

组织结构的变化动因是促使企业员工不断提高素质，增强组织的战斗力，因此其弹性程度取决于组织内所有成员对变化的适应性。

(2) 组织管理的动态化。组织管理在很大程度上反映了企业经营者领导组织创新的能力及其有效性，其绩效度量主要体现在组织结构转换的高效益、高效率及组织创造性的提高上。组织管理的动态化是指企业内部对人的管理及部门间沟通以适应变化或超前行动的管理制度、程序及方式方法所具有的灵活性，它要求企业既放弃僵化的严格管理，又摒弃无所事事的混沌状态。组织管理的动态变化并不意味着组织管理不具有稳定性，组织制度和管理方式处于某种"游离"状态，而组织在实施目前的管理制度时，必须着眼于未来的发展和内外部环境的变化。

(3) 组织形式的动态化。组织形式是组织结构和组织管理的外在表现形式，也是组织内部人员间及其与外部信息关联的方式。组织形式的创新主要有网络化和虚拟化两种趋势。

①组织网络化。组织内部和组织间面临着不确定性，在组织内部，主要是由决策者与受决策影响的人之间的冲突而引发的不确定性，如知识与信息共享中的矛盾与冲突、进行价值观念更新和企业重组过程中的不确定性等。

在组织间，企业为了突出核心能力，实行业务外包，这种组织架构减轻了行政成本，应变能力也很强，但是总公司对承包公司的控制有限。为了解决此类问题，组织网络化应运而生，组织网络化包括组织内部和组织间的网络化。

组织内部网络化是指充分利用内部信息系统，实现组织内部各职能部门的实时信息共享与交流的一种组织形式。在内部网络化中，企业的组织和管理方式也发生了很大变化，员工的工作内容由单一变为丰富，强调共同目标，集体观念和合作精神受到重视。在一些企业，出现了交叉职能工作组，就是通过一定的组织方式，将产品和市场经理、采购和材料专家、设计工程师、质量管理人员和成本管理会计人员结合在一起。交叉职能工作组织结构弹性大，适应性强，可以对市场做出快速有效的反应，小组成员参与决策的程度高。外部网络化是充分利用外部信息系统，实现企业网络伙伴间的实时信息共享与交流的一种组织形式。在外部网络化中，企业直接地或间接地联系在一起，并使竞争优势的来源已经不再仅仅局限于企业内部的资源与能力，而且还与网络成员的关系结构和企业在网络中的位置密切相关。

②组织虚拟化。组织虚拟化，是由于信息技术的应用使得更丰富更复杂信息的电子化沟通成为可能，缩减了传统组织结构的时间和空间障碍，面对全球广袤的市场，企业可以构建企业外部网络，从而利用外部资源与能力超越自身能力的路径依赖性，使企业能力波及的范围扩展到企业与企业之间的关系上。Davidow 和 Malone（1993）给出了虚拟企业的定义："虚拟企业是由一些独立的厂商、顾客甚至同行的竞争对手，通过信息技术联成临时的网络组织，以达到共享技术、分摊费用以及满足市场需求的目的。虚拟企业没有中央办公室，也没有正式的组织图，更不像传统组织那样具有多层次的组织结构。"

战略联盟是组织虚拟化的一种形式。所谓战略联盟，是指两个或两个以上的经济实体出于对整个世界市场的预期目标和企业各自总体经营目标的需要，而采取的一种优势相长、共担风险、共享利益、组织松散的长期联合与合作协议。虚拟化的组织能动态地集合和利用资源，从而保持技术领先。虚拟化的组织实际上只是保留某些核心功能，将其他功能虚拟化，即将企业内的各项工作（包括设计、生产、销售、采购、财务等）通过承包合约以外购或外包的形式交由不同的专门企业去承担，而公司只保留为数有限的雇员，它的主要工作在于制定政策及通过合约协调与各个承包公司的关系。该种组织形式能快速有效地集聚与整合企业内外资源，具有敏锐的市场反应力，可以降低交易时间及成本，减少经营风险。组织虚拟化与组织网络化的概念有交叉，但是虚拟化的组织界限更广泛，甚至企业实现价值链的配备全球化，而超脱固定的战略合作伙伴。

③组织细胞化。新产生的、后现代的商务结构称为"细胞型组织"，细胞型组织是由自我管理、自我控制的商务单位的"细胞"组成的。它的特征是：其一，细胞型组织被看作是一个有生命的、有适应能力的组织机构；其二，细胞型组织是独立性和协作性的结合，既独立运作，又可以相互协调，构成一个能够产生连续创造力和强大竞争力的商务机制；其三，细胞型组织使市场竞争环境越来越复杂。细胞型组织为三维信息输出和输入的商务结构，输入在世界范围内展开，输出也在无数联盟和企业伙伴关系中展开。

除此之外，也存在其他一些动态化组织，如无边界组织，包括组织地域无边界和组织职权无边界。在组织职权无边界的情况下，上下级之间的界线模糊，员工经常轮岗，员工绩效考核由上级、同事、下属和客户来执行。

6.4 多元化战略与组织资本价值拓展

从公司战略层次来说，企业的经营战略可以分为专业化战略和多元化战略两类。其中，专业化战略，指企业主要在单一业务领域或主导业务领域进行专门化经营；多元化战略，则指在现有企业中增加不同产品或不同事业部，使企业在更广泛业务领域经营。从当前的企业发展状况来看，企业采用专业化还是多元化都是一个相对的概念，组织资本富有的企业，往往能减少进入新业务领域所需的时间因素和成本因素，并能够实现竞争优势。

6.4.1 基于组织资本的经营战略选择标准

在特定的行业和竞争环境下，应该选择哪种经营战略，需要企业对所拥有的组织资本和所处的行业环境进行准确而全方位的评判之后确定。

第一，企业需要识别现有的组织资本。强调对现有组织资本的识别，是因为企业在制定多元化战略时，应该致力于寻找自身组织资本可发挥作用的经营领域。另外，也因为企业只有明确自身已有的能力状况，才可能确立组织资本的培育方向，并通过实施多元化战略实现对组织资本的有效扩展，或者从资源互补和协同的角度来选择目标企业，从而获取构筑和培育组织资本所需要的战略性资源。

第二，企业需要对现有组织资本的性质和结构有一个充分的认识。例如，从组织资本的技术特性来说，如果企业所具有的组织资本呈现收敛性特征，即该项组织资本不适于在多项业务之间共享和调配，组织资本的专用性程度较高，则企业应优先考虑选择专业化的经营战略。反之，如果企业组织资本呈现发散性特征，即指该种能力可在较多的行业之中形成竞争优势，则多元化战略就可能成为企业战略方向。又比如，从企业组织资本的生命力角度来说，由于竞争对手不停地仿效和取代，任何能够为企业取得竞争优势的组织资本都会有一定的生命周期，它的价值会不可避免地被时间和竞争消磨掉。如果这些能力在行业竞争中保持竞争优势的时间较短，那么企业就更需要把注意力集中于如何不断地对这些能力进行数量和质量的升级，以维持企业在该行业中的竞争优势，则企业选择专业化战略就可能是适当的。

第三，企业要对所处行业的技术特点、生命周期以及企业在行业中所处的竞争地位和未来发展趋势进行全面的分析。如果企业所处行业的技术结构呈现高度专业化，与其他行业产生协同效应的可能性很小，则企业比较适合选择专业化的经营战略；反之，多元化战略就成为可能的选择。同样，如果企业所处行业正处于快速发展的时期，企业的竞争能力相对于竞争对手而言也正处在增强时期，则专业化战略就是企业的必然选择，而如果企业所处行业正处在衰退时期，多元化战略就会成为企业的必然选择。

第四，需要确立企业组织资本的扩散或培育方向，并据此进行企业经营战略模式的选择，即多元化还是专业化。企业可以通过判断现有组织资本的状态，选择专业化战略，通过有效实施横向一体化，使原有组织资本在同行业得以扩展和渗透,为企业专业化经营的成功提供内在保证;同时也可从横向一体化行动中获得相应的互补性资源,以保证原有组织资本得以强化。

6.4.2 依据组织资本实施多元化战略的必要性

作为一种发展战略,多元化经营本身无可厚非,但它也是有条件、有限度的,其关键的一点是企业是否依托组织资本开展多元化经营。依托组织资本是多元化经营成功的关键,依托组织资本进行多元化经营是由组织资本的现实地位所决定的。

第一,依托组织资本进行多元化经营是竞争发展的必然要求。多元化经营必然要依赖于组织资本的培育以及组织资本在新领域的拓展,以保持较高的市场支配能力和市场适应能力,从而获得新的竞争优势。同时,竞争环境的发展对多元化经营提出了更严格的要求,即应紧紧依托核心资源,发展与主业关联较大的新行业,以利于组织资本在新行业的拓展。

第二,组织资本是多元化经营中防范风险的重要屏障。在企业进行新产品、新市场的开发或兼并重组过程中,必然要在新老产品、新旧市场间寻求一种内在联系,使新老组织资源有机结合起来,才会产生一种抵御市场风险的协同能力。为此,推行多元化经营的企业,必须紧紧依托组织资本。通过以专有资源为主要内容的组织资本的纵向提高或横向扩展,为顾客不断地提供有竞争力的价值,在新老领域中强化、发展优势,才有可能挑战风险,达到风险与收益的均衡。海尔集团在每兼并一家企业时,总是紧紧依托其管理模式和企业文化,对被兼并企业进行管理、文化上的重塑,取得了很大的成功,因为其管理模式和企业文化是独特的,具有很强的竞争能力。因此,企业的多元化扩张不再是财务资本的简单扩张,其实质应是组织资本的扩张,这样才会在未知的领域中避险就利,建立更为广泛的市场支配能力。

第三,组织资本还是多元化经营中产业转型升级的支撑点。在以知识经济为特征的今天,企业面临着向更有经济价值、更有前途的产业进行转换的任务,以适应知识迅速增长而导致的需求变化,组织资本便成为这种转换的逻辑支点。因为组织资本的内涵不是有形的设备或厂房,而是知识和技能,无论是技术资源还是管理知识或企业文化,都具有独特的价值功能,并且具有继承性、再创造性和成长性。因此,组织资本丰富的企业在产业进化过程中有更大的主动性和竞争力,从而通过组织资本的再创和成长,使新产品或新服务迅速满足顾客的价值要求,获得顾客的认同。

6.4.3 基于组织资本的企业多元化战略制定步骤

企业多元化经营成功与失败,关键在于是否在坚持组织资本统辖下,进行有助于保持或强化组织资本的多元化。有效实施多元化战略可以按照以下几个步骤进行:

6.4.3.1 在实施多元化之前,界定企业组织资本

企业本质上是一个能力的集合体,企业的能力可以分为生产能力、技术能力、组织能力和管理能力等。而组织资本是企业内部的积累性知识,特别是关于如何协调不同的生产技能和多种技术流的知识。从以上对组织资本的论断中可以看出,他们所强调的协调不同的生产技能和多种技术流的知识,也就是我们所提及的组织、管理能力,对于企业而言,关键的、难以被模仿的技术能力常常被看成是企业组织资本的主要方面,组织能力、管理能力因难以辨认而经常被忽视,而组织、管理这种组织资本经多年形成,已花费巨资,竞争对手难以在短期内赶上,并且这种组织资本以无形资源为基础,并不显而易见,让竞争者难以模仿。所以,在未多元化之前,企业必须经过经验的积累去发现自身的组织资本。因而企业内部的组织资本的界定,并不是短期内所能完成的。

6.4.3.2 分析新业务对企业组织资本的需要,企业是否具备这些战略资源

每种业务对企业的组织资本都有不同的要求,在实施多元化战略之前,

分析企业是否存在剩余能力。如果企业具备剩余能力，则考虑这些剩余能力是否是发展新业务所必需的组织资本。如果企业缺乏新业务发展所需的某种组织资本，则考虑是否采用孵化法自行开发，或能否从其他企业中获取。在大多数情况下，即使具备剩余能力，企业也很难找到无须发展新能力便可开展的新业务。新业务还必须与原有业务有足够的相近性，至少在价值链的某一要素创造竞争优势时，必须要求相近的技能以获得共享企业组织资本的好处。

6.4.3.3 分析企业能否将其组织资本转移至新业务领域

如果企业所要进入的业务和原有业务存在相关性，能够共享企业的剩余组织资本，并且能够移植这种组织资本，则企业可以开拓这些新业务，企业用转移组织资本的方式来进行多元化可以降低成本，提高整个企业的战略竞争力。组织资本的转移存在着一些障碍，其中最困难的是属于无形资源的那部分组织资本的转移。一些企业多元化战略的失败在于没能成功地将其组织资本转移至新的业务领域，或者是所转移的组织资本在新的业务领域难以确立起竞争优势。在转移组织资本的过程中，谨防已形成的组织资本转移之后被慢慢稀释、淡化，最后，不再保持组织资本。企业必须在多元化过程中持续不断地注入资金与精力去维持这种组织资本。

6.4.3.4 分析在多元化过程中，企业的组织资本能否转化为持续的竞争优势

如果企业多元化开展一项新业务，其竞争优势可以通过公司特有的组织资本得以增强，则这一业务便是企业理想的多元化目标。成功的多元化必须满足企业的组织资本同新进入行业的行业成功因素相匹配。组织资本既是企业联系现有业务的黏合剂，又是开展新业务的发动机。这是因为组织资本的延展性能为企业进入多种产品市场提供支持，使企业可以更加有效地实施总成本领先或差异化战略，促进其竞争力的提高。企业的组织资本是不断变化的，只有在其不断扩散和应用的过程中，使其得以发展、强化和更新才有可

能获得新的组织资本,并且由于组织资本所具有的天然的分隔机制,因而可以有效地保持其竞争优势。

6.4.4 组织资本价值在多元化战略实施中的拓展途径

由于组织资本的重要作用,当企业确定实施多元化经营战略时,怎样向新领域拓展组织资本是最为关键的。组织资本的拓展方向具有多样性,但是,组织资本作为一种独有的竞争能力,主要反映在组织内部的特殊资源上,如技术资源、管理技能和企业文化、声誉等。因此,组织资本价值在实施多元化经营中的基本拓展途径主要有:

6.4.4.1 技术资源创新

技术资源包括专有技术,如专利、知识产权、贸易秘密以及应用上述资源所储存的知识和信息,这种资源最具有创造性和独特性,最容易衍生出一系列创新成果,从而增强企业在关联产品市场上的超额利润获取能力。因此,很多大企业十分重视利用技术资源进行扩张。利用技术资源进行组织资本拓展,企业必须能够保证技术在同一领域的领先地位。在产品研发生产周期日益缩短的今天,具有更高技术含量的新产品和新服务层出不穷,原有的以技术为基础的组织资本可能很快被弱化。因此,企业必须积极进行核心人才的储备,并且在策略上应保证在产品需求增长率递增阶段就做好开发新产品、进入新领域的准备。

6.4.4.2 管理技能和企业文化的移植

管理技能和企业文化是企业在各自的历史经历和历史条件中逐步形成的,其核心是对人的经营,包括企业管理制度、机构等硬约束机制和理念、行为准则、企业形象等软约束机制,因为它的历史性,因此具有很高的学习成本和模仿成本,从而有可能形成企业的组织资本。并且这种能力具有较大的迁移性,在以兼并重组为手段的企业扩张中,更容易被采用。因为很多被兼并重组的企业往往缺乏的不是技术资源，而是组织运用企业资源的能力，即缺乏有效的管理技能和企业文化，因而不能把潜在的优势发展为现实优势。在兼并重组案例中，很多优秀企业往往依靠把自己的管理技能和企业文化输入被购并方，从而获取新的市场控制能力。但是，由于兼并双方具有不同的发展经历和条件，运用这种移植手段进行组织资本的拓展需要有一个整合期，必须处理好两种文化的关系，才能使企业的管理、文化资源与被兼并方的技术、人力资源有机地结合起来，形成强势组合，达到增加整体优势的目的。

6.4.4.3 品牌的延伸

企业的声誉是一项特殊的无形资产，往往以品牌为主要载体。品牌既依附于产品，又有相对独立的生命，它给消费者带来一种不同于产品甚至高于产品本身的价值享受，一个名牌能满足消费者的某种精神需求，因而具有超强创利的能力。每个著名大企业至少拥有一种知名品牌，并使之成为企业的象征，可见，品牌构成了企业组织资本不可缺少的一部分。同时，品牌具有更大的延伸性，因为顾客具有"品牌偏好"。因此，大企业很注重利用已有的品牌进行多元化经营。但是，利用品牌延伸进行多元化经营具有一个前提，只有当新产品或服务与品牌形象一致时，才有可能强化顾客对品牌形象的认识。否则，还会弱化、模糊顾客原有的品牌意识，产生一种叫"心理近因"的效应，即顾客会以现有的意识对品牌进行新的认识，从而降低品牌的价值。并且，这种一致性既反映在新产品的品质上，也反映在新产品与品牌的相关性上，例如，如果在某幢写字楼的销售中打上"IBM"品牌，势必会使"IBM"品牌在顾客的心目中打折扣。

企业可以针对自身的特点，以上述三种基本拓展途径为基础，充分地利用当前的组织资本，并可以借以选择新的业务领域，在发展中挖掘新的组织资本，实现企业的长久发展并获得持续竞争优势的目的。

第7章 组织资本价值创造能力评价

组织资本作用于企业价值的提高是一个非线性过程,一旦组织资本转换为长期竞争优势,其价值将是不可估量的。在评价组织资本价值创造能力时,应该系统分析显在的和潜在的、直接的和间接的因素,建立和完善组织资本价值创造能力评价体系。本章根据组织资本的价值创造机理,在广泛参考国内外研究文献的基础上,构建了组织资本价值创造能力评价体系。通过AHP方法确定了各评价指标的权重,并以大连市32家软件企业为样本对组织资本价值创造能力进行了实证分析。

7.1 组织资本价值创造能力评价的意义及指标选择原则

7.1.1 评价意义

对组织资本价值创造能力进行评价,是从提高企业价值的需要出发,借助于一定的科学方法和手段来评测组织资本价值创造能力的高低,获得有关企业组织资本现状的信息,发现存在的问题,有针对性地采取相应的对策措施,从而达到不断提升企业竞争能力并创造竞争优势的目的。组织资本价值创造能力评价具有重要的意义,主要表现在如下几个方面:

(1) 是企业对组织资本价值创造能力现状进行总体把握的有效手段。组织资本价值创造能力的评价，可以为企业提供有关组织资本价值创造潜力和提取能力的系统信息，使其清晰认识组织资本管理现状，认识竞争形势对企业组织资本提出的要求，以及企业组织资本满足这种需求的现状和差距，并对影响组织资本价值创造能力的因素进行科学的分析，从而对本企业的组织资本有一个系统的、全面的、客观的估价。

(2) 是企业进行各方面对比分析的科学工具。企业通过对自身组织资本价值创造能力的评价，可以进行纵向（企业自身）和横向（企业之间）的对比，具体来说，AHP方法，可以以企业多个时期的数据为基础进行自我测评，也可以以其他企业的数据为基础进行对比测评。通过对比分析，做到取长补短，明确提高组织资本价值创造能力的方向和途径。

(3) 是促使企业不断提升竞争优势的重要途径。企业组织资本价值创造能力决定了企业竞争优势，企业通过组织资本价值创造能力评价，及时发现问题，有针对性地采取相应的对策措施，从而不断提升组织资本价值创造能力，不断增强自身竞争优势。

7.1.2 指标体系设置原则

组织资本价值创造能力是一个比较抽象的概念，用分类评估法评估的时候，需要考虑的影响因素众多，关系错综复杂，单一层次或少数几个指标是明显缺乏说服力的，只有从多个角度和层面来设计指标体系，才能准确反映企业组织资本价值创造能力。为确保评价结果的客观、准确，企业组织资本价值创造能力评价指标体系的设计应遵循以下原则：

(1) 科学性原则。衡量组织资本价值创造能力的工作是一项系统工程，指标体系的构建必须符合相关学科的原理，指标选取应采用科学的概念，内涵和外延必须明确，同时能够反映指标之间的支配关系或隶属关系。

(2) 客观性原则。系统、准确地反映企业组织资本的客观实际情况，克服因人而异的主观因素的影响，对各项评价指标的定义应尽可能明确，界限要清晰。

(3) 完备性原则。完备性有两层含义：一是指标体系中所含指标应尽量全面，能覆盖涉及组织资本价值创造能力的所有重要方面；二是指标体系的结构符合客观要求，没有缺陷。当然，这种完备性是相对的，必须与可行性统一考虑。如果指标设置过多、过细，将给指标体系的建立和应用造成困难。

(4) 独立性原则。为了使指标体系便于应用，必须尽量减少指标的重复设置，同一层次的指标保持相对的独立性。同时要使目标体系的结构尽量简化，以减少冗余信息。独立性应与完备性同时考虑，理想的状态是指标体系中所设置的指标既不欠缺又不重复。

(5) 针对性原则。不同的行业，甚至同一行业中的不同企业，其组织资本的状况与特点存在着很大差异。在评估中，应该根据具体企业的实际特点，相应地调整指标的设置，以满足不同的评估需求。

(6) 时效性原则。组织资本价值创造能力是一个动态概念，相关指标的制定必须突出时效性，指标体系需要包括短期、中期和长期等具有不同时间跨度的指标，把有利于定期衡量作为选择指标的一个重要条件。

下一节将在此基础上尝试构建企业组织资本价值创造能力评价指标体系，并根据评价对象的特点和评价指标体系的特点选择合适的评价方法。

7.2 组织资本价值创造能力评价指标体系的确定

7.2.1 评价指标体系的设计

组织资本价值创造能力评价的两个角度是企业组织资本的价值创造潜力和企业组织资本的价值提取能力。实际上涉及组织资本静态存量、动态增量、战略管理能力等方面。

，但试图建立一套很完善的组织资本价值创造能力评价理论体系有一定难度，其原因在于：①组织资本的内涵及概念有一定的模糊性，理论界对组织资本至今还处于众说纷纭的阶段，对组织资本的逻辑结构和组织资本价值创造能力的本质特征的研究还没有比较全面统一的体系。②影响因素的不确定性，有哪些因素影响组织资本的价值创造能力，其影响的内在机理如何等问题尚在探索中。③组织资本外在地通过某种活动和能力体现出来，从一个系统考察，这种外在表现是企业全部知识和能力内在结合和综合的结果，而这种内在的结合方式要通过准确的识别和界定外显出来，更是不可能的，所有这些因素都给组织资本的价值创造能力评价带来一定的难度。

为全面、科学、合理地建立一个评价指标体系，本书参考了许多国内外有关组织资本理论的一些研究（包括企业核心竞争力、创新能力、核心能力、知识资本等方向的研究），集中挑选出一些具有代表性的指标，构成一个组织资本价值创造能力评价预选指标集。在选择组织资本价值创造能力评价指标之前要先确定评价的原则及目的，选择那些与评价原则和目的相关联的指标，构成评价的预选指标集合。

预选指标除了满足定性分析中提出的组织资本概念和分类标准的界定之外，至少要满足两个条件：一是指标具有可观测性，即预选指标必须是可测量的，通过一定的统计或其他程序可求得指标的数值；二是关联性，即指标数值的变动能标志着组织资本状况的变化，否则，不能作为预选指标。

根据相关的理论和原则，对前面所列的指标进行筛选、整理，必须按照以下的原则进行：一是评价组织资本的价值创造潜力；二是评价架构资本的价值提取能力；三是充分考虑指标体系的完整性。

7.2.2 评价指标类型的选定

初步拟出组织资本价值创造能力评价预选指标集后，运用Delphi法，本研究邀请10位专家（其中包括4位学者，6位企业专业人士），在充分理解本研究提出的组织资本价值创造模型后和有关理论分析的前提下，对每一类指标进行筛选，具体步骤如下：

（1）向专家发放有关资料（由本研究的要点和预选指标集构成），并要求其认真阅读和分析资料。

（2）召集专家集中讨论组织资本的相关问题，以便在"组织资本、企业、价值创造"三者间的相关理论和逻辑关系上达成共识；在"组织资本和企业发展"及"组织资本价值创造能力基础"这两个基本问题上形成共识。

（3）每次要求每个专家在指标集中各选出一个他认为最重要和最不重要的指标。

（4）如果70%以上的专家认为某个指标是最不重要的而且20%以下的专家认为是最重要的，则在指标集中去掉这个指标，形成一个新的指标集。

（5）重复（3）、（4）步骤，直到没有指标可以被淘汰为止，由此得到一个初步精选的指标集。

（6）在第（5）步后初步精选指标集基础上进行完整性分析，如果发现这个指标对于组织资本价值创造能力不是完整的，则召集专家集中讨论，把缺少的指标添进去，并回到第（3）步继续进行指标的筛选，以保证得到一个完整的初步精选指标集。

（7）要求专家对第（6）步得到的完整初步精选指标集中的指标进行重要性排序，得到一个初步重要性分值，并进行统计分析。

（8）在完整初步精选指标集基础上，使用我们得到的调查数据和组织资本理论和实践，进行指标的相关度分析。

（9）去掉完整初步精选指标集中关联度过大的若干指标中重要性小的指标，并同时考虑保证指标集的完整性，最终得到一个完整、科学可靠、指标间相关性小的组织资本评价指标体系。

7.2.3 组织资本价值创造潜力评价指标

根据第 2 章中对组织资本价值创造机理的分析,我们得知组织资本价值创造潜力由结构静态存量与动态增量决定。根据组织资本的分类,我们从流程资本与创新资本两个角度评价组织资本存量。另外,根据第 4 章和第 5 章的分析,知识学习是组织资本增长的根本途径,组织创新通过影响知识学习效率间接影响组织资本增长,因此我们用知识学习能力与组织创新能力评价组织资本的动态增量。组织资本价值创造潜力评价指标的具体设置见图 7-1~图 7-5。

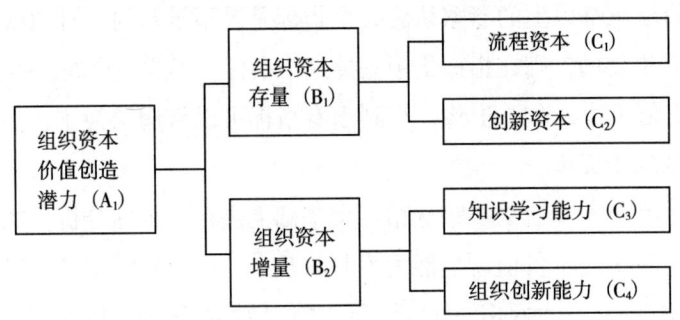

图 7-1 组织资本价值创造潜力评价体系

7.2.4 组织资本价值提取能力评价指标

根据第 6 章的分析,我们得知组织资本的价值提取能力由企业的战略预见能力、战略定位能力以及战略组织能力决定。组织资本价值提取能力评价指标如图 7-6 所示。

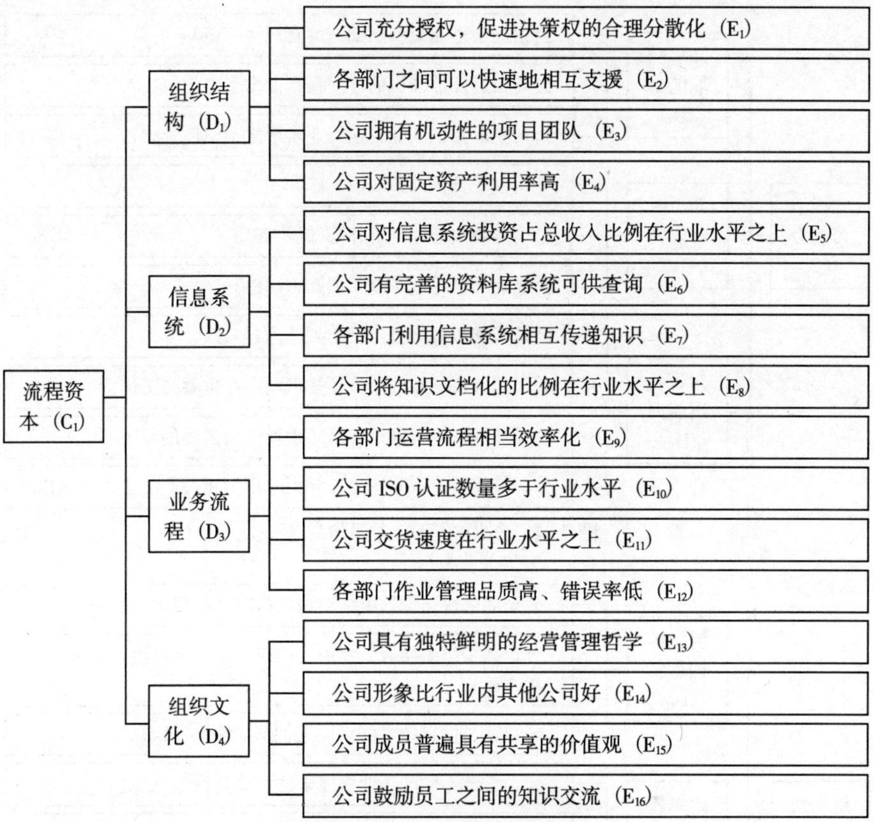

第7章 组织资本价值创造能力评价

流程资本 (C_1)

- 组织结构 (D_1)
  - 公司充分授权,促进决策权的合理分散化 (E_1)
  - 各部门之间可以快速地相互支援 (E_2)
  - 公司拥有机动性的项目团队 (E_3)
  - 公司对固定资产利用率高 (E_4)
- 信息系统 (D_2)
  - 公司对信息系统投资占总收入比例在行业水平之上 (E_5)
  - 公司有完善的资料库系统可供查询 (E_6)
  - 各部门利用信息系统相互传递知识 (E_7)
  - 公司将知识文档化的比例在行业水平之上 (E_8)
- 业务流程 (D_3)
  - 各部门运营流程相当效率化 (E_9)
  - 公司ISO认证数量多于行业水平 (E_{10})
  - 公司交货速度在行业水平之上 (E_{11})
  - 各部门作业管理品质高、错误率低 (E_{12})
- 组织文化 (D_4)
  - 公司具有独特鲜明的经营管理哲学 (E_{13})
  - 公司形象比行业内其他公司好 (E_{14})
  - 公司成员普遍具有共享的价值观 (E_{15})
  - 公司鼓励员工之间的知识交流 (E_{16})

图 7-2 流程资本评价体系

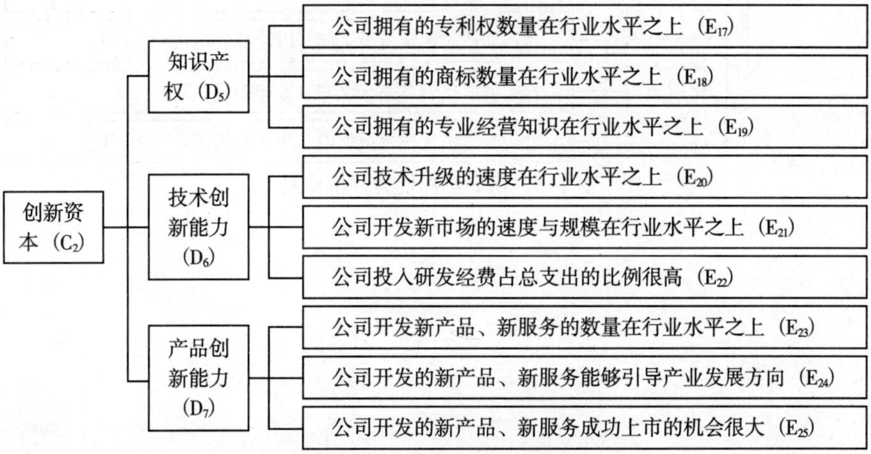

创新资本 (C_2)

- 知识产权 (D_5)
  - 公司拥有的专利权数量在行业水平之上 (E_{17})
  - 公司拥有的商标数量在行业水平之上 (E_{18})
  - 公司拥有的专业经营知识在行业水平之上 (E_{19})
- 技术创新能力 (D_6)
  - 公司技术升级的速度在行业水平之上 (E_{20})
  - 公司开发新市场的速度与规模在行业水平之上 (E_{21})
  - 公司投入研发经费占总支出的比例很高 (E_{22})
- 产品创新能力 (D_7)
  - 公司开发新产品、新服务的数量在行业水平之上 (E_{23})
  - 公司开发的新产品、新服务能够引导产业发展方向 (E_{24})
  - 公司开发的新产品、新服务成功上市的机会很大 (E_{25})

图 7-3 创新资本评价体系

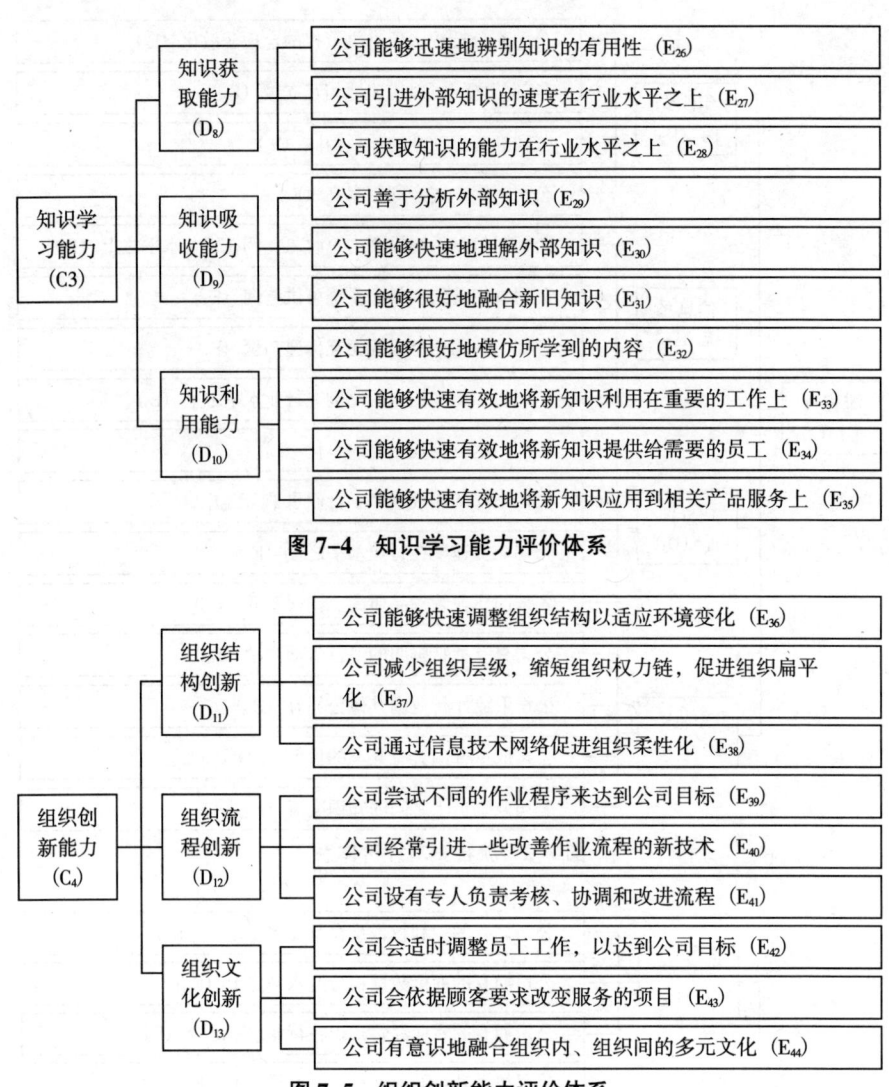

图 7-4 知识学习能力评价体系

图 7-5 组织创新能力评价体系

第7章 组织资本价值创造能力评价

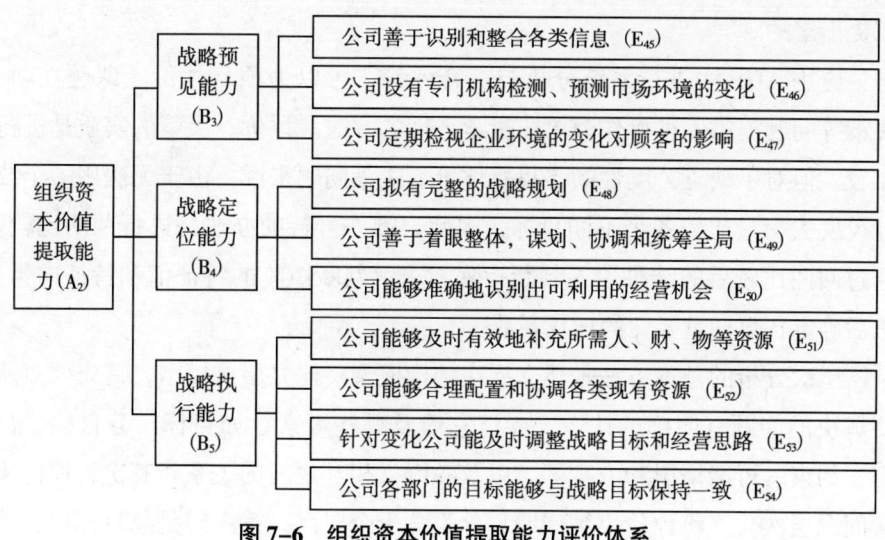

图7-6 组织资本价值提取能力评价体系

7.3 组织资本价值创造能力评价方法

关于组织资本价值创造能力评价指标体系是多层次、多分支的，各指标的重要程度及其对评价的影响程度也不尽相同，因此在进行评价前首先要对这些指标进行分析，按其重要性确定权重系数，然后再确定综合评价的方法与模型，使整个评价过程科学化、系统化。本书采用层次分析法对组织创新指标体系各层次进行权重的确定。

7.3.1 层次分析法简介

在确定各级指标的权重系数时应用了层次分析法。层次分析法（Analytic Hierarchy Process），简称AHP方法，是用于处理有限方案的多目标决策方法，它是由美国著名运筹学家萨蒂（Saaty）教授于20世纪70年代末提出来的。

应用AHP法进行系统分析与综合评价,可以为项目评价、课题立项、决策等问题提供一种操作简单、科学合理的方法。评价、决策的实质是进行比较,但对于缺乏公度性的多目标评价、决策问题来说,由于无法用一个统计尺度去衡量比较各个不同目标,因此,唯一可行的办法是进行两两比较。通过两两比较后的结果填入判断矩阵,求解判断矩阵的特征值和特征向量,然后确定各目标重要性的加权系数。

层次分析的基本方法是建立层次结构模型。建立层次模型,首先要对所要解决的问题有明确的认识,弄清它涉及哪些因素,如目标、分目标、部门、约束、可能情况和方案等,以及各因素相互之间的关系。其次将评价决策问题层次化。将评价决策问题划分为若干个层次,第一层是总目标层,即想要达到的目标;中间层称为准则层;最低层一般是具体评价指标或解决问题的方案,称为方案层。建立层次模型后,可以在各层元素中进行元素的两两比较,构造出判断矩阵。判断矩阵是定性过渡到定量的过渡环节,再通过求解判断矩阵的特征向量,并对判断矩阵的一致性进行检验,检查决策者在构造判断矩阵时判断思维是否具有一致性。通过一致性检验后,便可按归一化处理过的特征向量作为某一层次对上一层次某因素相对重要程度的排序加权系数,然后从高层次到低层次逐层计算排序权重系数,得出层次总排序。

7.3.2 运用层次分析法确定权重

7.3.2.1 建立层次结构模型

将所研究的问题包含的因素划分为不同层次,如目标层、准则层、方案层等,构建递阶层次结构模型。用不同形式的框图表明层次的递阶结构和元素的从属关系。应该突出重点,抓住关键因素。

7.3.2.2 构造判断矩阵

判断矩阵是层次分层法的核心,判断矩阵是通过两两比较得出来的。设 w_i 表示某层第 i 个目标对于上层某一目标的重要性即权重,$a_{ij} = w_i/w_j$ 表示目标 i 和目标 j 相对于上层某一目标的重要性的比例标度,则 $A = (a_{ij})_{n \times n}$ 称为判断矩阵。判断矩阵 A 具有以下性质:$a_{ii} = 1$,$a_{ij} = 1/a_{ji}$,$a_{ij} = a_{ik} \cdot a_{kj}$。

判断矩阵 A 中的元素 a_{ij} 可以利用决策者的知识和经验估计出。由于决策者的估计并不一定是很精确的,第三条性质不一定成立。在实际应用中常请一组专家分别进行估计,然后取其平均值。

判断矩阵中元素 a_{ij} 的确定,常依据表 7-1 进行。

表 7-1 评分表

a_{ij}	两目标相比
1	同样重要
3	稍微重要
5	明显重要
7	强烈重要
9	极端重要
2,4,6,8	介于以上相邻两种情况之间
倒数	两目标反过来比较

例如,对于某一层次的子目标 3 和子目标 5,如果认为子目标 3 明显重要于子目标 4,则 $a_{34} = 5$,$a_{43} = 1/5$;如子目标 3 极端重要于子目标 4,则 $a_{34} = 9$,$a_{43} = 1/9$;等等。

7.3.2.3 确定权重的方法

由判断矩阵 A 确定权重 w_i,采用特征向量中的和积法。对于 n 阶矩阵 A,可得:$AW = \eta W$,其中 W 为向量,且 $W = (w_1, w_2, \cdots, w_n)'$,$\eta$ 为判断矩阵 A 的特征根,W 即为特征根所对应的特征向量。

对于满足判断矩阵元素的三个性质的判断矩阵,被称为完全一致性判断矩阵，此时，判断矩阵的最大特征根 $\lambda_{max} = n$，其余特征根为 0；对于通过两两对比的方法构造出的多目标决策问题的判断矩阵，常常不满足第三个性质，因而不一定是完全一致性判断矩阵。若离完全一致性不远，则判断矩阵基本可用，但不能以 n 作为最大特征根，应设法求出相应的特征向量，作为判断优先权数。因此，在构造好了判断矩阵之后，既要检验判断矩阵的一致性，还要求最大特征根及其所对应的特征向量，下面介绍具体步骤。

（1）判断矩阵每一列归一化：

$\bar{a}_{ij} = a_{ij} / \sum_{i=1}^{n} a_{ij}$，$i, j = 1, 2, \cdots, n$

（2）将每一列经归一化后的矩阵按行相加：

$m_i = \sum_{i=1}^{n} \bar{a}_{ij}$，$i, j = 1, 2, \cdots, n$

（3）将向量 $M = (m_1, m_2, \cdots, m_n)'$ 归一化：

$w_i = m_i / \sum_{j=1}^{n} m_j$，$i, j = 1, 2, \cdots, n$

所求得的 $W = (w_1, w_2, \cdots, w_n)'$ 即为所求特征向量。

（4）计算判断矩阵最大特征根 $\lambda_{max} = \sum_{i=1}^{n} \frac{(AW)_i}{nw_i}$，式中 $(AW)_i$ 表示向量 AW 的第 i 个元素。

7.3.2.4 一致性检验

一致性检验是通过一致性指标和检验系数进行的。一致性指标 $CI = \frac{\lambda_{max} - n}{n - 1}$，检验系数 $CR = \frac{CI}{RI}$，其中，RI 是平均一致性指标，可以通过表 7-2 查得。

一般的，当 $CR < 0.1$ 时，可以认为判断矩阵具有满意的一致性，否则，需要重新调整判断矩阵。

表 7-2 平均随机一致性指标 RI 表（1000 次正互反矩阵计算结果）

矩阵阶数	1	2	3	4	5	6	7	8
RI	0	0	0.52	0.89	1.12	1.26	1.36	1.41
矩阵阶数	9	10	11	12	13	14	15	
RI	1.46	1.49	1.52	1.54	1.56	1.58	1.59	

7.3.2.5 总排序

总排序是指每一个判断矩阵各因素针对目标层（最上层）的相对权重。这一权重的计算采用从上而下的方法，逐层合成。

很明显，第二层的单排序结果就是总排序结果。假定已经算出第 k-1 层 m 个元素相对于总目标的权重 $W^{(k-1)} = (w_1^{(k-1)}, w_2^{(k-1)}, \cdots, w_n^{(k-1)})'$，第 k 层 n 个元素对于上一层（第 k-1 层）第 j 个元素的单排序权重是 $p_j^{(k)} = (p_{1j}^{(k)}, p_{2j}^{(k)}, \cdots, p_{nj}^{(k)})'$，其中不受 j 支配的元素的权重为零。令 $P^{(k)} = (p_1^{(k)}, p_2^{(k)}, \cdots, p_n^{(k)})$，表示第 k 层元素对第 k-1 层各元素的排序，则第 k 层元素对于总目标的总排序为：

$$W^{(k)} = (w_1^{(k)}, w_2^{(k)}, \cdots, w_n^{(k)})' = P^{(k)} \cdot W^{(k-1)}$$

或，$W_i^{(k)} = \sum_{j=1}^{m} p_{ij}^{(k)} w_j^{(k-1)}$，$i = 1, 2, \cdots, n$

同样，也需要对总排序结果进行一致性检验。

假定已经算出针对第 k-1 层第 j 个元素为准则的 $CI_j^{(k)}$、$RI_j^{(k)}$ 和 $CI_j^{(k)}$，$j = 1, 2, \cdots, n$，则第 k 层的综合检验指标

$$CI_j^{(k)} = (CI_1^{(k)}, CI_2^{(k)}, \cdots, CI_m^{(k)}) \cdot W^{(k-1)}$$

$$RI_j^{(k)} = (RI_1^{(k)}, RI_2^{(k)}, \cdots, RI_m^{(k)}) \cdot W^{(k-1)}$$

$$CR_j^{(k)} = \frac{CI_j^{(k)}}{RI_j^{(k)}}$$

当 $CR_j^{(k)} < 0.1$ 时，认为判断矩阵的整体一致性是可以接受的。

7.4 组织资本价值创造能力评价指标权重的确定

7.4.1 组织资本价值创造潜力评价结果

首先由专家根据表7-1对组织资本价值创造潜力指标体系中各指标的重要性进行两两比较,然后将专家的评分输入YAAHP软件,得出具体结果,如表7-3~表7-7所示。

表7-3 组织资本价值创造潜力评价结果(CR = 0.000)

第一层指标	第二层指标		第三层指标	
	名称	权重	名称	权重
组织资本价值创造潜力(A_1)	组织资本静态存量(B_1)	0.667	流程资本(C_1)	0.333
			创新资本(C_2)	0.667
	组织资本动态增量(B_2)	0.333	知识学习能力(C_3)	0.800
			组织创新能力(C_4)	0.200

表7-4 组织资本价值创造潜力评价结果——流程资本分表(CR = 0.024)

第三层指标	第四层指标	第五层指标	权重
流程资本(C_1) 0.333	组织结构(D_1) 0.255	公司能够快速调整组织结构以适应环境变化(E_1)	0.418
		各部门之间可以快速地相互支援(E_2)	0.079
		公司拥有机动性的项目团队(E_3)	0.176
		公司对固定资产利用率高(E_4)	0.327
	信息系统(D_2) 0.085	公司对信息系统投资占总收入比例在行业水平之上(E_5)	0.079
		公司有完善的资料库系统可供查询(E_6)	0.141
		各部门利用信息系统相互传递知识(E_7)	0.500
		公司将知识文档化的比例在行业水平之上(E_8)	0.281

续表

第三层指标	第四层指标	第五层指标	权重
流程资本（C_1）0.333	业务流程（D_3）0.084	各部门运营流程相当效率化（E_9）	0.524
		公司 ISO 认证数量多于行业水平（E_{10}）	0.079
		公司交货速度在行业水平之上（E_{11}）	0.273
		各部门作业管理品质高、错误率低（E_{12}）	0.124
	组织文化（D_4）0.576	公司具有独特鲜明的经营管理哲学（E_{13}）	0.344
		公司形象比行业内其他公司好（E_{14}）	0.063
		公司成员普遍具有共享的价值观（E_{15}）	0.085
		公司鼓励员工之间的知识交流（E_{16}）	0.509

表 7-5 组织资本价值创造潜力评价结果——创新资本分表（CR = 0.052）

第三层指标	第四层指标	第五层指标	权重
创新资本（C_2）0.667	知识产权（D_5）0.311	公司拥有的专利权数量在行业水平之上（E_{17}）	0.240
		公司拥有的商标数量在行业水平之上（E_{18}）	0.550
		公司拥有的专业经营知识在行业水平之上（E_{19}）	0.210
	技术创新（D_6）0.493	公司技术升级的速度在行业水平之上（E_{20}）	0.443
		公司开发新市场的速度与规模在行业水平之上（E_{21}）	0.169
		公司投入研发经费占总支出的比例很高（E_{22}）	0.387
	产品创新（D_7）0.196	公司开发新产品、新服务的数量在行业水平之上（E_{23}）	0.200
		公司开发的新产品、新服务总是能够引导产业发展方向（E_{24}）	0.683
		公司开发的新产品、新服务成功上市的机会很大（E_{25}）	0.117

表 7-6 组织资本价值创造潜力评价结果——知识学习能力分表（CR = 0.071）

第三层指标	第四层指标	第五层指标	权重
知识学习能力（C_3）0.800	知识获取能力（D_8）0.268	公司能够迅速地辨别知识的有用性（E_{26}）	0.287
		公司引进外部知识的速度较快（E_{27}）	0.078
		公司获取知识的能力较强（E_{28}）	0.635
	知识吸收能力（D_9）0.117	公司善于分析外部知识（E_{29}）	0.271
		公司能够快速地理解外部知识（E_{30}）	0.085
		公司能够很好地融合新旧知识（E_{31}）	0.644
	知识利用能力（D_{10}）0.614	公司能够很好地模仿所学到的内容（E_{32}）	0.055
		公司能够快速有效地将新知识利用在重要的工作上（E_{33}）	0.535
		公司能够快速有效地将新知识提供给需要的员工（E_{34}）	0.100
		公司能够快速有效地将新知识应用到相关产品服务上（E_{35}）	0.300

表 7-7 组织资本价值创造潜力评价结果——组织创新能力分表（CR = 0.00）

第三层指标	第四层指标	第五层指标	权重
组织创新能力 (C_4) 0.200	组织结构创新 (D_{11}) 0.226	公司能够快速调整组织结构以适应环境变化（E_{36}）	0.079
		公司减少组织层级，缩短组织权力链，促进扁平化（E_{37}）	0.143
		公司通过信息技术网络促进组织柔性化（E_{38}）	0.779
	组织流程创新 (D_{12}) 0.674	公司尝试不同的作业程序来达到公司目标（E_{39}）	0.193
		公司经常引进一些改善作业流程的新技术（E_{40}）	0.106
		公司设有专人负责考核、协调和改进流程（E_{41}）	0.701
	组织文化创新 (D_{13}) 0.101	公司会适时调整员工工作以达成公司目标（E_{42}）	0.103
		公司会依据顾客要求改变服务的项目（E_{43}）	0.216
		公司有意识地融合组织内、组织间的多元文化（E_{44}）	0.682

根据以上评价结果，我们得到了各层指标相对于上一层对应指标的重要性权重，通过各层指标权重相乘可以得到各个指标的总权重。例如，E_1 的总权重就等于 B_1 相对于 A_1 的权重 0.667 乘以 C_1 相对于 B_1 的权重 0.333 乘以 D_1 相对于 C_1 的权重 0.255 再乘以 E_1 相对于 D_1 的权重 0.418，最后得到 E_1 的总排序权重系数为 0.0236。组织资本价值创造潜力指标层的总权重如表 7-8 所示。

表 7-8 组织资本价值创造潜力指标层总权重

指标名称	总权重	指标名称	总权重	指标名称	总权重	指标名称	总权重
E_1	0.0236	E_{12}	0.0023	E_{23}	0.0174	E_{34}	0.0180
E_2	0.0045	E_{13}	0.0440	E_{24}	0.0595	E_{35}	0.0492
E_3	0.0099	E_{14}	0.0080	E_{25}	0.0102	E_{36}	0.0012
E_4	0.0185	E_{15}	0.0109	E_{26}	0.0206	E_{37}	0.0021
E_5	0.0015	E_{16}	0.0651	E_{27}	0.0056	E_{38}	0.0117
E_6	0.0027	E_{17}	0.0332	E_{28}	0.0454	E_{39}	0.0087
E_7	0.0095	E_{18}	0.076	E_{29}	0.0085	E_{40}	0.0048
E_8	0.0053	E_{19}	0.029	E_{30}	0.0027	E_{41}	0.0315
E_9	0.0098	E_{20}	0.0972	E_{31}	0.0201	E_{42}	0.0007
E_{10}	0.0015	E_{21}	0.0371	E_{32}	0.0090	E_{43}	0.0014
E_{11}	0.0051	E_{22}	0.0849	E_{33}	0.0876	E_{44}	0.0046

7.4.2 组织资本价值提取能力评价结果

首先由专家根据评分表 7–1 对组织资本价值提取能力指标体系中各指标的重要性进行两两比较，然后将专家的评分输入 YAAHP4.0 软件，得出具体结果，如表 7–9 所示。

表 7–9　组织资本价值提取能力评价结果（CR = 0.000）

第一层指标	第二层指标	第三层指标	权重
组织资本价值提取能力（A_2）	战略预见能力（B_3）0.212	公司善于识别和整合各类信息（E_{45}）	0.476
		公司设有专门机构检测、预测市场环境的变化（E_{46}）	0.279
		公司定期检视企业环境的变化对顾客的影响（E_{47}）	0.245
	战略定位能力（B_4）0.316	公司拟有完整的战略规划（E_{48}）	0.321
		公司善于着眼整体，谋划、协调和统筹全局（E_{49}）	0.230
		公司能够准确地识别出可利用的经营机会（E_{50}）	0.448
	战略执行能力（B_5）0.472	公司能够及时有效地补充所需人、财、物等资源（E_{51}）	0.160
		公司能够合理配置和协调各类现有资源（E_{52}）	0.216
		针对变化公司能够及时调整战略目标和经营思路（E_{53}）	0.374
		公司各部门的目标能够与战略目标保持一致（E_{54}）	0.251

根据表 7–9，我们得到了各层指标相对于上一层对应指标的重要性权重，通过各层指标权重相乘可以得到各个指标的总权重。例如 E_{45} 的总权重就等于 B_3 相对于 A_2 的权重 0.212 乘以 E_{45} 相对于 B_3 的权重 0.476，得到 E_{45} 的总排序权重系数为 0.1009。组织资本价值提取能力指标层的总权重如表 7–10 所示。

表 7–10　组织资本价值提取能力指标层总权重

指标名称	总权重	指标名称	总权重	指标名称	总权重
E_{45}	0.1009	E_{49}	0.0728	E_{53}	0.1764
E_{46}	0.0592	E_{50}	0.1418	E_{54}	0.1182
E_{47}	0.0518	E_{51}	0.0754		
E_{48}	0.1016	E_{52}	0.1018		

至此，我们根据组织资本价值创造能力评价体系，计算出了所有指标的权重。根据第 2 章中组织资本价值创造机理的分析，我们得知组织资本价值创造能力等于组织资本价值创造潜力与提取能力 V(S) 的乘积。因此组织资本价值创造能力 V(S) 可用如下公式表示：

$$V(S) = C(S) \cdot T(S) = \sum_{i=1}^{44} w_i E_i \cdot \sum_{i=54}^{54} w_i E_i$$

其中 C(S) 为组织资本价值创造潜力，T(S) 为组织资本价值提取能力，w_i 和 E_i 分别表示评价指标 i 的权重和取值。

在预测和监控企业组织资本价值创造能力的时候，应当充分考虑和重视如本书构建的指标体系当中所列出的各种指标，得出的这个指标体系可以比较有效地帮助企业评估组织资本价值创造能力，并且可以指导企业关注组织资本变化方向，及时采取相应的措施，特别是对权重大的指标应当给予充分的重视，进而提高组织资本的价值创造能力。

另外，可以用若干年的综合得分值进行比较，利用二维坐标系画出动态曲线，能够掌握企业的组织资本价值创造能力给企业带来的影响及其变动趋势。通过指标的层次结构，可以逐层分析出企业目前在组织资本哪方面能力比较欠缺，及时发现问题的根源，对具体指标反映的问题进一步改进。还应注意的是，模型中各个评价指标的选择不是一成不变的，应该结合各个企业的具体情况，进行适当的选择与调整。

7.5 组织资本价值创造能力的实证分析

本书以大连市软件企业作为研究对象。软件产业的环境变化大、知识流通快、产品生命周期短，因此以其为研究对象，可较为清楚地评价软件企业在激烈的竞争环境中组织资本价值创造能力的差异。

7.5.1 调查问卷的设计和数据收集

调查问卷依据上文所述的组织资本价值创造能力评价体系设计,共分三个部分。第一部分是被调查企业的基本情况,包括企业名称、企业成立年份、企业产权性质,被调查人姓名、性别、学历、联系方式、职务及在本单位工作时间;第二部分是企业组织资本价值创造潜力评价体系;第三部分是企业组织资本价值提取能力评价体系。调查问卷题项设置包括填答题和选择题,选择题用李克特五点量表(从完全不符合到完全符合)来表示。调查问卷见附录A。

调查对象是企业中高层管理人员。中高层管理人员有足够的知识,能够回答问卷中关于企业全面信息的问题。问卷的发放采用实地访谈发放和邮件发放两种方式。对于重点目标企业,通过调研直接获取问卷,现场解答问卷中的事项并与受调查者交换意见。该部分数据资料直接收回,并且具有较高的可信度。对于其他的企业受客观条件和时间限制,无法亲赴企业进行实地调查和获取资料,故采用电子邮件或者普通邮件邮寄的方式进行。被调查者主要通过导师推荐,相关行业工作的同学、朋友介绍而取得联系。

7.5.2 问卷分析

本研究共发放问卷60份,回收问卷42份,其中10份问卷由于多数选项未填写或者出现大面积雷同,被视为无效问卷。问卷回收率为70%,有效率为53.3%。被调查者的个人情况如表7-11所示,被调查企业的基本情况如表7-12所示。

7.5.3 样本描述性统计分析

由表7-13和表7-14可以看出,组织资本价值创造潜力与价值提取能力

表 7-11 被调查者的个人情况统计

被调查者个人资料		人数	比例（%）
性别	男	21	65.63
	女	11	34.38
学历	博士	6	18.75
	硕士	18	56.25
	本科及以下	8	25.00
在本单位工作时间	5 年以上	23	43.75
	3~5 年	9	56.25
职务	企业高层	12	37.50
	企业中层	20	62.50

表 7-12 被调查企业的基本情况统计

被调查企业基本资料		数量	比例（%）
企业年限	8 年以上	7	21.88
	5~8 年	10	31.25
	3~5 年	15	46.88
企业产权性质	国有	5	15.63
	集体	5	15.63
	民营	9	28.13
	三资	7	21.88
	外商独资	6	18.75

各项测度指标的均值不是很高。这是因为被调研的企业大都是中小企业，而且企业设立年限大都在 5 年左右。企业正处于由孕育期转向成长期的阶段，对处于这个时期的企业来说，开拓市场是第一位的，至于组织内部如何运作，只要能够达到目的，任何方式都是可行的。因此，企业组织资本价值创造潜力和提取能力都不是很高，但部分样本企业的组织资本价值创造潜力和提取能力比较高，这部分企业已完全处于发展期，企业发展较快。企业通过规范化管理，对组织模式进行梳理，按照标准流程进行运作，大大提高了组织资本的积累速度，并能有效提取组织资本的价值。

第7章 组织资本价值创造能力评价

表 7-13 组织资本价值提取能力指标描述性统计

指标	N	Min	Max	Mean	Std.
公司善于识别和整合各类信息	32	1	5	2.91	1.06
公司设有专门机构检测、预测市场环境的变化	32	1	5	2.50	0.89
公司定期检视企业环境的变化对顾客的影响	32	2	5	3.44	1.09
公司拟有完整的战略规划	32	2	5	3.34	1.14
公司善于着眼整体、谋划、协调和统筹全局	32	2	5	3.44	0.99
公司能够准确地识别出可利用的经营机会	32	1	5	3.16	1.19
公司能够及时有效地补充所需人、财、物等资源	32	1	5	3.28	1.08
公司能够合理配置和协调各类现有资源	32	2	5	3.56	0.89
针对变化公司能够及时调整战略目标和经营思路	32	2	5	3.59	0.95
公司各部门的目标能够与战略目标保持一致	32	2	5	3.69	1.06

表 7-14 组织资本价值创造潜力指标描述性统计

	指标	N	Min	Max	Mean	Std.
组织资本存量	公司充分授权,促进决策权的合理分散化	32	1	5	3.00	1.25
	各部门之间可以快速地相互支援	32	2	5	3.28	1.13
	公司拥有机动性的项目团队	32	1	5	3.19	1.14
	公司对固定资产利用率高	32	1	5	3.59	1.28
	公司对信息系统投资占总收入比例在行业水平之上	32	2	5	3.34	1.17
	公司有完善的资料库系统可供查询	32	2	5	3.94	1.03
	各部门利用信息系统相互传递知识	32	2	5	3.41	1.15
	公司将知识文档化的比例在行业水平之上	32	1	5	3.56	1.06
	各部门运营流程相当效率化	32	1	5	3.69	1.15
	公司 ISO 认证数量多于行业水平	32	1	5	3.53	1.21
	公司交货速度在行业水平之上	32	1	5	3.25	1.21
	各部门作业管理品质高、错误率低	32	1	5	3.94	1.11
	公司具有独特鲜明的经营管理哲学	32	1	5	3.56	1.12
	公司形象比行业内其他公司好	32	2	5	3.66	0.87
	公司成员普遍具有共享的价值观	32	2	5	3.59	0.92
	公司鼓励员工之间的知识交流	32	2	5	3.81	0.90
	公司拥有的专利权数量在行业水平之上	32	1	5	3.78	1.16
	公司拥有的商标数量在行业水平之上	32	1	5	2.84	1.00
	公司拥有的专业经营知识在行业水平之上	32	1	5	2.59	1.05
	公司技术升级的速度在行业水平之上	32	1	5	2.41	1.06
	公司开发新市场的速度与规模在行业水平之上	32	1	5	2.63	1.11
	公司投入研发经费占总支出的比例很高	32	1	5	3.06	1.06
	公司开发新产品、新服务的数量在行业水平之上	32	1	5	3.38	1.26
	公司开发的新产品、新服务能够引导产业发展方向	32	1	5	2.75	1.00
	公司开发的新产品、新服务成功上市的机会很大	32	1	5	2.84	1.13

续表

	指标	N	Min	Max	Mean	Std.
组织资本增量	公司能够迅速地辨别知识的有用性	32	2	5	3.28	1.04
	公司引进外部知识的速度在行业水平之上	32	2	5	3.41	1.23
	公司获取知识的能力在行业水平之上	32	2	5	3.06	1.00
	公司善于分析外部知识	32	1	5	2.88	1.07
	公司能够快速地理解外部知识	32	2	5	3.28	1.01
	公司能够很好地融合新旧知识	32	2	5	3.41	1.17
	公司能够很好地模仿所学到的内容	32	1	5	3.53	1.18
	公司能够快速有效地将新知识应用在重要的工作上	32	1	5	2.78	1.03
	公司能够快速有效地将新知识提供给需要的员工	32	1	5	3.06	1.14
	公司能够快速有效地将新知识应用到相关产品服务上	32	2	5	3.13	1.04
	公司能够快速调整组织结构以适应环境变化	32	1	5	3.56	1.26
	公司减少组织层级，缩短组织权力链，促进组织扁平化	32	1	5	3.78	1.24
	公司通过信息技术、网络促进组织柔性化	32	1	5	3.94	1.12
	公司尝试不同的作业程序来达到公司目标	32	2	5	3.03	1.18
	公司经常引进一些改善作业流程的新技术	32	2	5	2.88	0.94
	公司设有专人负责考核、协调和改进流程	32	2	5	3.38	1.02
	公司会适时调整员工工作以达到公司目标	32	1	5	2.81	1.05
	公司会依据顾客要求改变服务的项目	32	1	5	2.66	1.01
	公司有意识地融合组织内、组织间的多元文化	32	1	5	2.81	1.07

7.5.4 信度与效度检验

信度表示测量工具的一致性和稳定性。问卷的信度是指问卷测量所得结果的内部一致性程度，它考察问卷测量的可靠性。在对问卷进行数据分析前，必须考察问卷的信度来确保测量质量。检验信度的一般指标是Cronbach's α 一致性系数，这个系数决定了变量测度的各题项得分相同的频率。保持得分的相同，较高的一致性系数才能保证变量的测量符合信度要求。

由表7-15得知，本研究各变量的Cronbach's α 均大于0.7。此次调查的总体信度为0.902，这表明本问卷整体具有较高的信度。

内容效度是测量内容能够涵盖研究主题的程度。内容效度的关键要素是开发衡量工具时是否遵守适当的程序。一般认为，问卷设计过程中，各测量

第7章 组织资本价值创造能力评价

表 7-15 信度分析

层面	包含指标数	Cronbach's α
组织结构	E_1, E_2, E_3, E_4	0.909
信息系统	E_5, E_6, E_7, E_8	0.852
业务流程	E_9, E_{10}, E_{11}, E_{12}	0.835
组织文化	E_{13}, E_{14}, E_{15}, E_{16}	0.717
知识产权	E_{17}, E_{18}, E_{19}	0.779
技术创新能力	E_{20}, E_{21}, E_{22}	0.811
产品创新能力	E_{23}, E_{24}, E_{25}	0.761
知识获取能力	E_{26}, E_{27}, E_{28}	0.862
知识吸收能力	E_{29}, E_{30}, E_{31}	0.859
知识利用能力	E_{32}, E_{33}, E_{34}, E_{35}	0.760
组织结构创新	E_{36}, E_{37}, E_{38}	0.936
组织流程创新	E_{39}, E_{40}, E_{41}	0.836
组织文化创新	E_{42}, E_{43}, E_{44}	0.898
战略预见能力	E_{45}, E_{46}, E_{47}	0.738
战略定位能力	E_{48}, E_{49}, E_{50}	0.810
战略执行能力	E_{51}, E_{52}, E_{53}, E_{54}	0.862

题项能以理论为基础进行设计,参考以前学者类似问卷内容加以修订,与专家学者讨论审核,并经过预测试,则可称具有内容效度。在本研究的问卷设计过程中,笔者参考了国内外学者的相关理论研究和经验研究成果,在一定的理论基础之上进行设计,而且与4位学者和6位企业人士讨论修改,综合上述意见最终修订而成,因此本问卷应具有相当程度的内容效度。

7.5.5 组织资本价值创造能力评价结果

根据组织资本价值创造能力评价公式:

$$V(S) = C(S) \cdot T(S) = \sum_{i=1}^{44} w_i E_i \cdot \sum_{i=45}^{54} w_i E_i$$

我们将样本数据中各评测指标的值代入公式,并将本章第4节由AHP方法确定的各评测指标权重代入公式,最后可以得到样本企业组织资本价值创造能力的评价结果,如表7-16所示。为了更直观地观察组织资本价值创造潜力与提取能力对组织资本价值创造能力的影响,我们将三者的评价结果用图7-7表示出来。

表7-16 组织资本价值创造能力评价结果

企业代码	价值创造潜力	价值创造潜力排名	价值提取能力	价值提取能力排名	价值创造能力	价值创造能力排名
S18	3.80	2	4.33	3	16.45	1
S11	3.39	6	4.37	2	14.81	2
S19	3.31	9	4.05	5	13.43	3
S23	2.94	22	4.43	1	13.03	4
S8	3.77	3	3.37	15	12.69	5
S32	3.13	14	3.97	6	12.40	6
S5	3.16	12	3.87	7	12.22	7
S26	3.17	11	3.79	8	12.00	8
S21	3.65	4	3.28	17	11.95	9
S14	3.16	12	3.75	9	11.83	10
S3	3.62	5	3.24	18	11.72	11
S12	2.84	25	4.08	4	11.59	12
S22	3.92	1	2.90	24	11.40	13
S10	3.18	10	3.49	12	11.08	14
S13	3.04	16	3.49	13	10.59	15
S24	2.96	20	3.54	11	10.48	16
S29	2.84	24	3.62	10	10.30	17
S27	3.36	7	3.06	21	10.28	18
S17	3.31	8	3.07	20	10.18	19
S20	2.81	26	3.43	14	9.64	20
S28	2.75	28	3.30	16	9.08	21
S7	3.03	17	3.00	22	9.06	22
S9	2.80	27	3.17	19	8.87	23
S15	2.95	21	2.96	23	8.72	24
S30	3.12	15	2.74	26	8.55	25
S1	3.02	18	2.71	28	8.16	26
S2	2.89	23	2.77	25	8.01	27
S6	3.01	19	2.65	29	7.97	28
S25	2.71	29	2.54	31	6.90	29
S4	2.34	32	2.72	27	6.38	30
S31	2.35	31	2.63	30	6.17	31
S16	2.42	30	2.47	32	5.99	32

第7章 组织资本价值创造能力评价

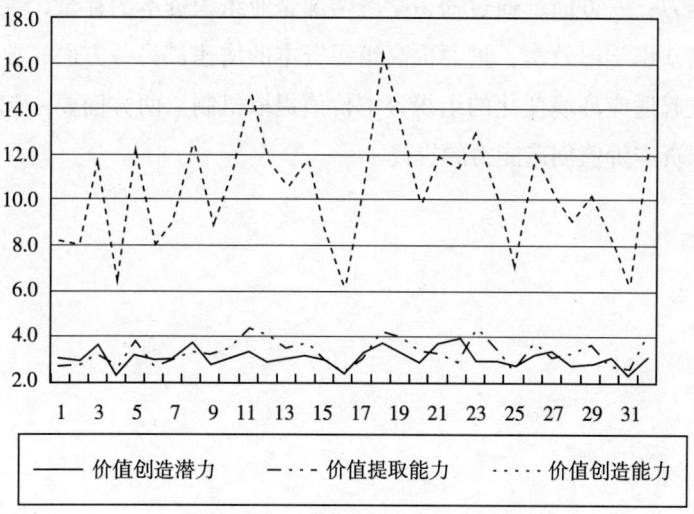

图 7-7 组织资本价值创造能力评价结果

从表 7-16 可以看到，企业 S3、S22、S27 和企业 S17 的价值创造潜力分别排名第 5 名、第 1 名、第 7 名和第 8 名，但是这几个企业的价值创造能力排名却未能进入前 10 名，原因就是这些企业的价值创造提取能力太差，分别排第 18 名、第 24 名、第 21 名和第 20 名。因此，这些企业要想在激烈的市场竞争中取得不断发展，必须加强对组织资本的管理，使组织资本的价值创造潜力转化为现实的企业价值。我们还可以看到，企业 S23、S32、S5、S26 和企业 S14 的价值创造潜力都排在 10 名之后，分别排第 22 名、第 14 名、第 12 名、第 11 名和第 12 名，但是这些企业的组织资本价值创造能力却都位列前 10 名，分别排第 4 名、第 6 名、第 7 名、第 8 名和第 10 名，这些企业的组织资本价值创造潜力虽小，但最终对企业的价值贡献却很大。其原因就是这些企业对组织资本进行了有效管理，放大了组织资本的实际价值。

实证结果有力支持了本书提出的企业组织资本的价值创造能力管理模型。企业组织资本的价值创造能力由价值创造潜力和价值提取能力共同决定，两者相辅相成，缺一不可。因此企业应从两方面入手提高组织资本的价值创造能力：一方面，通过知识学习增加企业组织资本的存量，并通过组织创新提高知识学习效率，进而提高组织资本的增速；另一方面，要通过战略管理建立起适应环境变化的组织资本价值提取机制。两方面要一起抓，共同促进组织资本价值创造能力的提高。

第8章 研究结论与展望

随着知识经济和经济全球化浪潮的兴起，我国企业面临更加激烈的国际、国内竞争。而组织资本日益成为企业获取竞争优势的重要源泉之一，关系着企业的生存与发展。因此，我国企业能否通过有效管理组织资本来提高企业价值，是企业在知识经济大潮中和激烈的国际竞争环境中能否获得竞争优势的关键。如何管理组织资本，发挥组织资本的巨大潜力，成为我国企业特别是知识型企业面临的现实问题。

8.1 研究结论

本书在借鉴和综合国内外相关研究成果的基础上，应用知识管理、组织理论、技术经济学、创新经济学、组织学习以及系统论等基本理论和方法，对组织资本管理理论进行了深入、系统的研究。通过研究，得出以下结论：

（1）企业作为一个生产性组织，效率来自组织资本积累，通过组织资本积累以提高企业自身内部资源优势。更重要的是，企业的组织资本积累差异性决定了企业之间具有不同特性的知识优势，而这种知识优势代表了企业内部所具有的优质资源，同时也代表了企业较好的学习能力，企业的发展、竞争优势与长期绩效在根本上是来自于这些企业内部因素。任何一个企业通过组织资本积累过程而获得的不同能力，决定了这个企业的独特性。这是企业竞争与业绩产生的主要基础，因此，组织资本积累基础是企业价值的最终与关键来源。与企业外部条件相比，企业内部条件对于企业占据市场竞争优势更具决定性作用。企业组织资本的积累、能力的形成是解释企业获得超额收益和保持企业竞争优势的关键性概念。如果将此思路与企业的竞争力相联系，我们就可以从传统的对个别产品的研究、开发以及企业所面向的相同的市场条件的分析转化为对企业组织资本积累的特异性的分析上。具体地说，企业积累的是知识、技能，而企业的具体活动，如生产、营销、研究和开发都是以这种积累为基础的，也就是说，前者是企业所拥有的，后者是企业所从事的。对企业的成功发展的分析也不是找不出一些具有一般性的因素，而是着重考察企业内部积累的具有特殊性的知识或资源。在此基础上来看，企业竞争力的成败就在于企业在经营过程中是否已建立了相关的知识、竞争力是否建立在已有的知识上、竞争力是否有助于提高这一知识的积累并形成新的知识这三个方面。相应的，企业竞争力的制定也存在三个步骤：分析企业组织资本的特征，以特有的组织资本为基础展开经营活动，在经营活动中注重继续积累组织资本并形成新的组织资本，以进一步支撑企业的发展。

（2）企业组织资本的价值创造能力由价值创造潜力和价值提取能力决定，两者相辅相成，缺一不可。当企业因组织资本存量少而使价值创造潜力低时，即使企业组织资本管理再有效率，组织资本价值提取能力再强，也只能是无米之炊；反之亦然，纵使企业组织资本存量多，价值创造潜力大，若组织资本价值提取能力低，同样不能创造更高的企业价值。因此，企业应从两方面入手提高组织资本的价值创造能力，一方面增加企业组织资本的存量，组织资本存量决定了企业在解决发展问题时的知识选择范围；另一方面有效管理组织资本存量，选择最佳的知识组合，以创造更高的企业价值。

（3）组织资本价值创造潜力是一个动态概念，其动态特征使得价值创造潜力的大小不仅取决于企业目前拥有的组织资本存量，还取决于企业未来持续培育组织资本的能力。企业组织资本价值创造潜力提升存在两种路径选择：一是以现有知识资源与能力开发和利用为主，通过知识学习谋取组织资本存量的递增；二是以未来知识资源与能力探索为主，通过组织创新赢得组织资本流量的递增。组织创新引导知识学习变化的方向与范围，而知识学习也保证了企业组织创新的顺利进行,两者相互影响并共同推动企业组织资本增长。知识学习是企业组织资本增长的根本途径,是企业取得竞争优势的最终动力。知识学习的过程实质上是知识在个体、团队和组织及组织间相互转移、交流和积累的过程。而组织结构和组织文化等组织要素的定位和配置状况直接影响知识在组织内流动的效率和效果。这些要素的合适定位和恰当配置可以极大地促进与保障知识学习的顺利进行;反之,会阻碍知识学习,导致学习中断或学习效率低下。组织创新的目的就是通过创新组织模式提高知识学习的效率,知识学习效率的提高则会引起组织资本增长速度的提高,因此组织创新对组织资本的增长具有促进作用。

(4) 组织资本的价值提取过程包括组织资本识别、组织资本组合和组织资本培育三个环节。组织资本识别就是分析获得竞争优势所需要的组织资本和企业目前的组织资本条件,找出差距,并研究自身组织资本发展的可能性,根据环境机会与企业条件相匹配的原则,确定企业需要重点培育的组织资本和培育这些组织资本的相应手段。组织资本组合就是将企业的现有知识和外部可以获得的知识进行重新组合配置,形成战略发展的新的知识平台。组织资本培育就是通过具体的管理执行,对企业知识的有效利用和学习创新,培育能够为企业带来竞争优势的组织资本。战略管理过程中的战略分析、战略实施和战略执行分别与组织资本形成的三个过程相对应,战略评价则是对组织资本所带来的竞争优势的评价,战略调整是根据评价结果而对战略所作出的相应调整。企业与外界动态适应的过程,实际上是在寻求企业组织资本与产业价值链中的机会的有效匹配,也就是一个动态匹配的过程。在这个过程中,战略管理将起到重要的作用。在动态的环境中,机会不断地出现,而把握这些机会,企业不仅需要了解自身拥有和可能拥有的组织资本,更要了解其潜在的价值可能,需要将这种价值可能与外部的市场机会相互匹配结合,从而获得利益。这样一个动态管理过程是一个全局性的问题,需要从战略管理的层面进行理解。

8.2 主要贡献

(1) 对完善组织资本研究体系具有重要理论意义。

在国外，关于组织资本理论的研究在一批先行者的带领下，取得了一些进展。从已有的研究成果来看，对组织资本的概念等原理性知识研究得较多，并且主要集中在组织资本概念、分类、测量、评估等独立环节上，研究成果较分散。缺乏系统的企业组织资本管理理论，导致组织资本理论无法指导企业实际运营。近年来，我国国内开始引入组织资本理论并对其进行研究。现在仍处于对国外研究成果的吸收和消化阶段，概念介绍的多，专题研究的少。总体来看，有关组织资本管理的真正意义上的研究几乎没有。创新企业战略管理理论，为企业运营过程提供具有可操作性的组织资本管理指南，从这个角度出发，构建一个企业组织资本管理的理论体系框架，具有重要的理论价值。

(2) 对新经济条件下促进企业成长具有重要战略意义。

企业面临的现实环境急剧变化，网络信息技术突飞猛进，迫使企业管理方式迅速改变。相对于急剧变化的管理对象和管理环境而言，管理理论显得滞后。随着知识型企业大量涌现并高速发展，组织资本在企业资产中的重要地位日益突出，成为企业最宝贵的财富，研究组织资本管理理论和方法，可以为企业组织资本的积累和企业的发展提供合理的解释与依据。

(3) 对我国企业提高国际竞争力具有重要现实意义。

我国现有企业规模还较小，虽然发展速度较快，但与发达国家相比差距巨大，一些优秀的企业更加渴求获得指导实践的企业管理新理论。目前，我国企业的组织资本规模一般都较小，在企业价值创造过程中所起的作用尚显不足。这些都是影响我国企业国际竞争能力的重要因素。因此，深入研究我国企业组织资本开发理论与方法，对指导我国企业在知识经济时代获得竞争优势、增强国际竞争能力具有重要的实践指导意义。

8.3 展望

如前所述,组织资本领域是个新兴的研究热点,目前尚未形成完善的理论体系,尚有许多方面和大量的问题值得深入探讨和研究。在此,笔者综合研究结论和研究局限,就本研究之延续和深入的问题提出下列未来研究方向:

(1) 与组织资本的动态特征有关的问题,例如,本书将组织资本划分为流程资本和创新资本,那么两者之间的动态关系如何?

(2) 组织资本与企业价值关系方面的实证研究。本书仅就组织资本对企业价值的作用机理进行了理论上的探讨,而在实证中,它们的关系能否得到证实?组织资本与企业价值的关系如何?怎样从数量上分析组织资本对当前产出和未来产出的贡献?这个方向需要更多的实证研究和验证。

(3) 组织资本的度量问题。目前没有公认的度量组织资本的方法,也缺乏对组织资本动态变化的可行的监测方式。由于组织资本是无形资产,因此度量问题已成为对组织资本进行实证分析的障碍之一。现有学者提出的度量方法各具特色,颇有争议,未达成一致意见,这也影响到其他与组织资本相关领域的实证研究。这个问题还需要多学科、多层面的深入研究讨论才可能逐步形成统一的观点。

(4) 组织资本对企业价值的作用存在着国家、社会、文化的差异,那么,中国的企业应该采取哪些组织资本去提升企业价值?

附录 A 调查问卷

尊敬的女士/先生：

　　您好！

　　非常感谢您在百忙之中抽出时间填写这份问卷！本问卷旨在评价企业组织资本的价值创造能力，请根据贵企业实际情况填写。

　　本调查的数据资料仅用于理论课题研究。未经贵企业同意，我们承诺，不会将问卷数据用于任何商业途径。

　　真诚感谢您的支持与合作！

第一部分 问卷填写人和企业的基本情况

1. 姓名（自愿，可不填）_____
2. 联系电话（或 E-mail）_____
3. 性别_____
4. 学历_____
5. 现任职务_____
6. 在该企业的工作年限_____年
7. 企业名称_____

企业组织资本管理——基于价值创造的视角

8. 企业成立年份_____年

9. 企业产权性质（若为其他，请在后面写明）_____

A. 国有及国有控股　　　　B. 集体

C. 民营　　　　　　　　　D. 三资企业

E. 外商独资　　　　　　　F. 其他

第二部分　企业组织资本价值创造潜力评价

（采用5级打分，依次表示从与企业实际情况完全不符合向完全符合过渡，请在相应的框内作标记）

组织资本存量	完全不符合	不符合	符合	较为符合	完全符合
1. 公司充分授权，促进决策权的合理分散化	□	□	□	□	□
2. 各部门之间可以快速地相互支援	□	□	□	□	□
3. 公司拥有机动性的项目团队	□	□	□	□	□
4. 公司对固定资产利用率高	□	□	□	□	□
5. 公司对信息系统投资占总收入比例在行业水平之上	□	□	□	□	□
6. 公司有完善的资料库系统可供查询	□	□	□	□	□
7. 各部门利用信息系统相互传递知识	□	□	□	□	□
8. 公司将知识文档化的比例在行业水平之上	□	□	□	□	□
9. 各部门运营流程相当效率化	□	□	□	□	□
10. 公司ISO认证数量多于行业水平	□	□	□	□	□
11. 公司交货速度在行业水平之上	□	□	□	□	□
12. 各部门作业管理品质高、错误率低	□	□	□	□	□
13. 公司具有独特鲜明的经营管理哲学	□	□	□	□	□
14. 公司形象比行业内其他公司好	□	□	□	□	□
15. 公司成员普遍具有共享的价值观	□	□	□	□	□
16. 公司鼓励员工之间的知识交流	□	□	□	□	□
17. 公司拥有的专利权数量在行业水平之上	□	□	□	□	□
18. 公司拥有的商标数量在行业水平之上	□	□	□	□	□
19. 公司拥有的专业经营知识在行业水平之上	□	□	□	□	□

续表

组织资本存量	完全不符合	不符合	符合	较为符合	完全符合
20. 公司技术升级的速度在行业水平之上	□	□	□	□	□
21. 公司开发新市场的速度与规模在行业水平之上	□	□	□	□	□
22. 公司投入研发经费占总支出的比例很高	□	□	□	□	□
23. 公司开发新产品、新服务的数量在行业水平之上	□	□	□	□	□
24. 公司开发的新产品、新服务能够引导产业发展方向	□	□	□	□	□
25. 公司开发的新产品、新服务成功上市的机会很大	□	□	□	□	□

组织资本增量	完全不符合	不符合	符合	较为符合	非常符合
26. 公司能够迅速地辨别知识的有用性	□	□	□	□	□
27. 公司引进外部知识的速度在行业水平之上	□	□	□	□	□
28. 公司获取知识的能力在行业水平之上	□	□	□	□	□
29. 公司善于分析外部知识	□	□	□	□	□
30. 公司能够快速地理解外部知识	□	□	□	□	□
31. 公司能够很好地融合新旧知识	□	□	□	□	□
32. 公司能够很好地模仿所学到的内容	□	□	□	□	□
33. 公司能够快速有效地将新知识利用在重要的工作上	□	□	□	□	□
34. 公司能够快速有效地将新知识提供给需要的员工	□	□	□	□	□
35. 公司能够快速有效地将新知识应用到相关产品、服务上	□	□	□	□	□
36. 公司能够快速调整组织结构以适应环境变化	□	□	□	□	□
37. 公司减少组织层级，缩短组织权力链，促进组织扁平化	□	□	□	□	□
38. 公司通过信息技术、网络促进组织柔性化	□	□	□	□	□
39. 公司尝试不同的作业程序来达到公司目标	□	□	□	□	□
40. 公司经常引进一些改善作业流程的新技术	□	□	□	□	□
41. 公司设有专人负责考核、协调和改进流程	□	□	□	□	□
42. 公司会适时调整员工工作以达到公司目标	□	□	□	□	□
43. 公司会依据顾客要求改变服务的项目	□	□	□	□	□
44. 公司有意识地融合组织内、组织间的多元文化	□	□	□	□	□

第三部分 企业组织资本价值提取能力评价

（采用5级打分，依次表示从与企业实际情况完全不符合向完全符合过渡，请在相应的框内作标记）

组织资本价值提取能力	完全不符合	不太符合	符合	较为符合	非常符合
45. 公司善于识别和整合各类信息	□	□	□	□	□
46. 公司设有专门机构检测、预测市场环境的变化	□	□	□	□	□
47. 公司定期检视企业环境的变化对顾客的影响	□	□	□	□	□
48. 公司拟有完整的战略规划	□	□	□	□	□
49. 公司善于着眼整体，谋划、协调和统筹全局	□	□	□	□	□
50. 公司能够准确地识别出可利用的经营机会	□	□	□	□	□
51. 公司能够及时有效地补充所需人、财、物等资源	□	□	□	□	□
52. 公司能够合理配置和协调各类现有资源	□	□	□	□	□
53. 针对变化公司能够及时调整战略目标和经营思路	□	□	□	□	□
54. 公司各部门的目标能够与战略目标保持一致	□	□	□	□	□

附录 B 原始数据

	S1	S2	S3	S4	S5	S6	S7	S8	S9	S10	S11	S12	S13	S14	S15	S16	S17	S18	S19	S20	S21	S22	S23	S24	S25	S26	S27	S28	S29	S30	S31	S32
E_1	2	3	2	2	5	3	1	5	2	2	5	3	2	4	2	2	2	4	2	4	5	5	4	1	2	4	2	3	4	3	2	4
E_2	3	3	2	3	5	3	4	5	3	2	5	4	2	3	2	2	4	3	4	4	5	5	4	2	3	4	2	2	5	2	2	4
E_3	3	4	4	3	5	3	4	5	2	2	4	4	2	3	2	3	3	4	3	2	4	5	5	1	3	4	2	2	4	4	2	5
E_4	3	4	4	3	5	5	2	5	2	2	5	5	3	5	2	3	4	4	5	5	5	5	5	2	4	5	2	2	5	4	2	3
E_5	2	4	5	2	5	3	2	5	4	2	5	4	4	2	2	3	3	2	5	4	5	5	3	3	4	3	2	3	5	5	2	3
E_6	4	4	5	4	5	5	3	3	5	3	3	4	3	4	3	4	4	4	5	5	5	5	2	3	5	3	2	2	4	5	2	5
E_7	3	4	5	3	5	5	2	3	4	3	3	3	4	2	4	2	3	3	5	4	5	5	4	4	4	3	3	2	5	5	2	5
E_8	3	4	5	4	5	3	3	2	4	3	3	4	5	4	5	4	5	5	5	4	5	5	4	4	4	2	2	2	4	4	1	4
E_9	2	3	4	4	1	4	2	2	4	2	5	4	4	2	2	3	4	4	5	3	5	5	5	4	2	3	3	5	4	2	2	4
E_{10}	4	4	5	3	5	4	1	3	4	3	3	4	5	4	5	5	4	4	5	5	5	5	4	1	4	3	2	3	5	4	2	4
E_{11}	3	3	5	3	4	2	2	2	5	4	2	4	5	2	2	3	3	4	5	5	5	5	5	1	5	2	3	3	4	4	2	4
E_{12}	3	3	5	3	4	4	2	1	5	3	5	3	5	4	4	3	3	4	5	4	5	5	5	1	4	3	3	4	5	4	2	3
E_{13}	3	3	5	3	4	3	2	3	4	3	2	3	4	3	4	4	4	4	5	5	5	5	5	1	3	3	3	4	4	4	2	3
E_{14}	3	3	5	4	4	3	2	3	4	3	4	3	3	4	3	4	4	4	4	4	5	5	5	2	5	3	4	4	4	4	2	3

续表

	S1	S2	S3	S4	S5	S6	S7	S8	S9	S10	S11	S12	S13	S14	S15	S16	S17	S18	S19	S20	S21	S22	S23	S24	S25	S26	S27	S28	S29	S30	S31	S32
E_{15}	3	3	5	4	4	3	3	5	3	3	4	5	4	3	3	3	4	4	3	3	5	5	5	4	2	4	2	3	4	4	2	3
E_{16}	2	3	5	3	4	3	4	5	4	3	5	5	3	5	2	2	5	3	3	4	5	5	4	4	4	4	3	3	3	4	2	4
E_{17}	2	3	2	5	4	5	4	3	3	5	5	2	3	4	3	2	5	5	4	2	5	5	1	4	4	4	3	4	4	5	4	3
E_{18}	3	2	2	2	2	2	4	3	3	2	2	5	2	4	4	1	3	5	3	2	2	2	1	2	3	2	3	2	3	2	3	3
E_{19}	2	2	2	1	4	4	4	2	3	4	2	2	2	4	4	2	5	5	3	2	2	2	2	2	2	2	4	3	2	2	3	2
E_{20}	2	2	2	1	2	2	4	3	4	4	2	2	2	3	4	1	4	4	4	2	5	2	2	2	2	2	5	3	1	3	2	2
E_{21}	2	2	2	1	4	4	2	2	2	3	4	2	2	2	4	3	4	4	5	2	5	5	3	4	2	4	5	4	1	2	4	3
E_{22}	3	3	4	4	3	4	2	5	2	4	4	5	2	2	2	2	3	3	5	2	5	5	3	4	2	3	1	1	1	5	2	5
E_{23}	3	3	3	4	4	2	4	5	3	4	4	2	3	2	2	2	5	3	3	2	5	5	5	4	1	5	2	2	1	2	2	3
E_{24}	3	3	3	2	2	2	2	5	3	5	4	2	3	3	2	3	3	3	5	4	5	5	3	4	2	3	2	3	3	3	2	5
E_{25}	4	3	3	4	2	2	2	5	2	2	5	2	4	4	2	2	2	4	5	2	5	5	2	4	3	4	3	2	3	2	2	4
E_{26}	4	3	3	4	3	4	3	4	3	4	2	4	3	3	3	2	3	2	5	4	4	4	2	5	4	4	3	3	3	2	2	3
E_{27}	3	3	3	3	3	3	3	3	3	3	2	2	2	3	2	2	2	3	3	4	5	4	4	5	5	4	4	3	4	3	2	3
E_{28}	4	3	2	2	3	2	2	5	2	2	3	3	3	3	3	3	4	2	4	3	5	4	4	4	4	4	4	3	3	2	2	2
E_{29}	4	3	2	3	3	2	4	3	2	3	2	2	2	3	2	2	3	4	4	4	4	4	4	4	4	5	2	3	3	4	2	5
E_{30}	4	3	4	3	3	2	2	3	1	3	2	2	3	2	2	5	2	4	4	4	5	5	4	5	4	5	4	4	2	3	2	3
E_{31}	4	3	4	3	5	2	2	3	2	2	3	2	3	2	1	2	2	4	5	4	4	4	4	4	3	4	3	3	2	4	2	2
E_{32}	4	3	4	3	1	2	2	3	2	3	3	4	3	2	2	2	2	4	5	3	5	5	4	4	4	5	4	3	4	3	2	5
E_{33}	4	3	5	3	4	3	3	3	2	2	2	4	2	3	2	2	3	4	3	3	4	4	4	4	3	5	3	3	4	3	3	4
E_{34}	4	3	2	2	3	2	2	3	2	3	4	3	4	2	1	2	2	4	4	3	5	5	4	4	3	5	5	1	2	3	2	3
E_{35}	4	3	2	3	2	4	3	4	2	2	3	2	5	2	1	2	3	2	4	3	2	2	4	4	3	4	5	4	3	2	3	5
E_{36}	4	4	2	3	4	4	3	3	4	3	5	5	3	2	1	3	2	2	4	3	5	5	4	4	5	4	5	4	4	3	3	3
E_{37}	5	4	2	3	5	5	3	2	4	2	5	5	2	2	3	3	2	2	3	3	2	2	5	5	5	5	5	4	3	3	3	5

附录 B 原始数据

续表

	S1	S2	S3	S4	S5	S6	S7	S8	S9	S10	S11	S12	S13	S14	S15	S16	S17	S18	S19	S20	S21	S22	S23	S24	S25	S26	S27	S28	S29	S30	S31	S32
E_{38}	4	3	5	3	4	5	4	5	4	5	5	5	5	2	1	3	3	5	3	4	2	3	4	5	5	5	4	4	5	3	3	5
E_{39}	4	2	5	2	3	4	4	5	4	4	4	4	4	2	3	2	2	2	4	2	5	3	2	2	2	2	2	2	4	5	3	2
E_{40}	2	2	5	2	2	4	3	5	4	4	5	4	4	2	3	2	4	4	2	2	5	3	3	2	2	2	2	2	2	3	2	3
E_{41}	4	3	4	2	4	2	4	4	4	3	5	5	4	3	3	2	3	4	4	2	5	1	4	2	2	3	3	3	3	4	3	3
E_{42}	3	4	5	3	2	2	2	4	2	2	4	2	2	3	2	2	4	5	5	2	4	1	3	2	2	3	3	3	3	4	2	3
E_{43}	2	4	3	3	2	2	2	4	2	3	4	2	2	4	1	2	4	5	5	2	3	1	4	2	2	3	3	3	3	4	2	3
E_{44}	2	4	5	4	4	2	1	4	2	2	4	3	2	3	2	2	4	5	3	3	3	3	3	2	2	2	2	3	2	4	3	3
E_{45}	2	4	4	3	4	2	4	5	3	4	4	4	5	2	3	2	4	5	4	4	3	1	4	3	3	2	2	2	4	3	2	3
E_{46}	3	3	4	2	1	2	2	5	3	3	3	5	5	2	2	2	4	5	4	2	3	1	4	3	4	4	3	3	3	3	2	2
E_{47}	3	4	3	3	5	2	3	5	4	4	4	4	4	5	2	2	4	4	2	2	4	3	5	2	2	2	2	3	4	3	2	2
E_{48}	3	3	5	4	5	3	4	4	3	3	3	3	3	5	3	2	4	5	2	4	2	4	5	4	3	3	3	4	3	3	3	3
E_{49}	3	3	5	3	4	3	4	4	4	3	3	4	2	2	3	2	3	4	5	2	3	3	5	2	3	3	3	3	4	3	1	3
E_{50}	2	4	5	4	4	3	2	4	2	4	3	5	5	4	3	3	4	5	5	4	4	3	4	4	4	4	4	4	4	2	4	3
E_{51}	3	2	1	3	4	3	4	2	3	5	4	5	4	4	3	3	3	5	3	4	4	2	5	4	5	5	4	4	2	3	4	4
E_{52}	2	2	2	2	4	3	3	2	4	4	4	4	4	5	3	3	3	5	4	3	3	3	5	3	3	4	5	5	4	2	3	4
E_{53}	2	2	2	2	3	3	4	2	4	5	4	5	5	4	3	3	2	4	5	3	3	4	5	4	4	5	5	4	5	3	3	4
E_{54}	2	2	2	2	4	3	4	2	4	5	5	5	5	4	4	3	5	5	5	3	3	4	4	4	3	5	5	3	5	2	4	5

参考文献

[1] 邸强，唐元虎. 组织资本与企业绩效关系的实证研究. 哈尔滨商业大学学报（自然科学版），2005（3）.

[2] 范徵. 论基于技术资本的核心创新能力. 工业工程与管理，2002（3）.

[3] 冯丹龙. 论知识经济时代企业组织资本的增长机制. 管理评论，2006（2）.

[4] 胡旺盛. 知识匹配、知识转化和顾客价值. 管理评论，2006，16(6).

[5] 刘宝发，邹照菊. 组织学习的动态管理模式. 工业工程与管理，2005（1）.

[6] 刘海建，陈传明. 企业组织资本、战略前瞻性与企业绩效：基于中国企业的实证研究. 管理世界，2007（5）.

[7] 卢奇. 经济系统的演化与政策作用. 北京林业大学学报（社会科学版），2003，2（2）.

[8] 孟晓飞，刘洪. 组织知识的特征、发展模式及其学习. 研究与发展管理，2001，13（1）.

[9] 欧海鹰. 客户关系管理成功因素分析. 软科学，2002，16（3）.

[10] 帕特里克·沙利文著. 智力资本管理：企业价值萃取的核心能力. 陈劲等译. 北京：知识产权出版社，2006.

[11] 施丽芳. 管理的视角：组织资本及其投资. 国际经济合作，2006（4）.

[12] 王晨，茅宁. 人力资本价值转化模型实证分析. 中国工业经济，2003（5）.

[13] 王核成，赵丽娟，宋士显. 长期竞争优势：知识、能力、产品的共

同演化.企业经济,2005(8).

[14] 王双龙.基于组织资本的企业绩效差异成因探讨.商业时代,2007(3).

[15] 王霆.结构资本:企业系统效率的源泉.中共中央党校学报,2006,10(6).

[16] 翁君奕.企业组织资本理论——组织激励与协调的博弈分析.北京:经济科学出版社,1999.

[17] 项保华.企业资源与能力辨析.企业管理,2003(2).

[18] 徐笑君.基于学习的智力资本转化管理研究.研究与发展管理,2001(4).

[19] 虞剑文,朱晓军,丁玉芹.复杂性科学视角下的组织与组织资本.科技与经济,2006(4).

[20] 张钢.从人力资本到组织资本:一个对"经济人"假设的拓展分析.自然辩证法通讯,2000(2).

[21] 张钢.人力资本、组织资本与组织创新.科学学研究,2000(1).

[22] 张延锋,李垣.能力、资源与核心能力形成分析.科研管理,2002,23(4).

[23] 赵顺龙.企业组织资本形成研究(博士学位论文).南京:南京大学,2003.

[24] Abrams, Cross, Lesser & Levin. Nurturing Interpersonal Trust in Knowledge-sharing Networks. Academy of Management Executive, 2003 (17).

[25] Achterbergh, Vriens. Managing Viable Knowledge. Systems Research and Behavioral Science, 2002 (19).

[26] Adams, Freeman. Communities of Practice: Bridging Technology and Knowledge Assessment. Journal of Knowledge Management, 2000 (4).

[27] Adler. Market, Hierarchy and Trust: The Knowledge Economy and the Future of Capitalism. Organization Science, 2003 (12).

[28] Akbar. Knowledge Levels and Their Transformation: Towards the

Integration of Knowledge Creation and Individual Learning. Journal of Management Studies, 2003 (40).

[29] Alfred Marshall. Principles of Economics. London: Macmillan Co., 1961.

[30] Allee. The Art and Practice of being a Revolutionary. Journal of Knowledge Management, 1999 (3).

[31] Amit, Schoemaker. Strategic Assets and Organizational Rent. Strategic Management Journal, 1993, 14 (1).

[32] Annie Brooking. Intellectual Capital. Thomason Pub Education Group, 1996.

[33] Arnold, Feldman. A Multivariate Analysis of the Determinants of Job Turnover. Journal of Applied Psychology, 1982, 67 (3).

[34] Arthur. Effects of Human Resource Systems on Manufacturing Performance and Turnover. Academy of Management Journal, 1994 (37).

[35] Arthur. The Link Between Business Strategy and Industrial Relations Systems in American Steel Minimills. Industrial and Labor Relations Review, 1992 (45).

[36] Atkeson, Kehoe. Measuring Organization Capital. NBER Working Papers: 8722, 2002.

[37] Ayas, Zeniuk. Project-based Learning: Building Communities of Reflective Practitioners. Management Learning, 2001 (32).

[38] Bailey, Clarke. Managing Knowledge for Personal and Organizational Benefit. Journal of Knowledge Management, 2001 (32).

[39] Baiyin, Watkins, Marsick. The Construct of the Learning Organization: Dimensions, Measurement, and Validation. Human Resource Development Quarterly, 2004 (15).

[40] Barney. Firm Resources and Sustainable Competitive Advantage. Journal of Management, 1991, 17 (1).

[41] Barney. Looking Inside For Competitive Advantage. Academy of Management Executive, 1995, 9 (4).

[42] Barney. Organizational Culture: Can it be a Source of Sustained Competitive Advantage. Academy of Management Review, 1986, 11 (3).

[43] Bartel. Formal Employee Training Programs and Their Impact on Labor Productivity: Evidence from a Human Resource Survey. National Bureau of Economic Research (Working Paper No. 3026), 1989.

[44] Bartel. Productivity Gains from the Implementation of Employee Training. Industrial Relations, 1994, 4 (4).

[45] Bartol, Srivastava. Encouraging Knowledge Sharing: the Role of Organizational Reward Systems. Journal of Leadership and Organizational Studies, 2002 (9).

[46] Bass. A New Product Growth Model for Consumer Durables. Management Science, 1969 (15).

[47] Baysinger, Mobley. Employee Turnover: Individual and Organisational Analysis. In: Rowland K. W., Ferris G. R. eds. Research in Personel and Human Resource Management. Greenwich, CT: JAI Press, 1983 (1).

[48] Becerra-Fernandez, Sabherwal. Organizational Knowledge Management: A Contingency Perspective. Journal of Management Information Systems, 2001 (18).

[49] Becker and Gordon. Rapid Differentiation between Nocardia and Streptomyces by Paper Chromatography of Whole–cell Hydrolysates, Apple Microbiol, 1966.

[50] Beckett, Wainwright, Bance. Knowledge Management: Strategy or Software? Management Decision, 2000 (38).

[51] Besanko, Dranove, Shanley. The Economics of Strategt. John Wiley and Son Inc., 1996.

[52] Beveren. A model of Knowledge Acquisition that Refocuses Knowledge

Management. Journal of Knowledge Management, 2002 (6).

[53] Black, Lynch. How to Compete: the Impact of Workplace Practices and Information Technology on Productivity. Review of Economics and Statistics, 2001, 83 (3).

[54] Black, Lynch. What's Driving the New Economy: The Benefits of Workplace Innovation. NBER Working Paper w7479. Cambridge, MA: National Bureau of Economic Research, 2000.

[55] Bontis, Crossan, Hulland. Managing an Organizational Learning System by Aligning Stocks and Flows. Journal of Management Studies, 2002, 39 (4).

[56] Bresnahan, Brynjolfsson, Hitt. Information Technology, Workplace Organization, and the Demand for Skilled Labor: Firm-level Evidence. The Quarterly Journal of Economics, 2002 (117).

[57] Brock, Zhou. Organizational Use of the Internet: Scale Development and Validation. Internet Research, 2005 (15).

[58] Burt. Structural Holes. Cambridge, MA: Harvard University Press, 1992.

[59] Burton-Jones, Hubona. Individual Differences and Usage Behavior: Revisiting a Technology Acceptance Model Assumption. ACM SIGMIS Database, 2005 (32).

[60] Calori, Sarnin P. Corporate Culture and Economic Performance: A French Study. Organization Studies, 1991, 12 (1).

[61] Camerer, Vepsalamen. The Economic Efficiency of Organizational Culture. Strategy Management Journal, 1988 (9).

[62] Carayannis, Popescu, Sipp, Stewart. Technological Learning for Entrepreneurial Development. International Journal of Technovation, 2006 (26).

[63] Caroli, van Reenen. Skill-biased Organizational Change? Evidence from a Panel of British and French Establishments. The Quarterly Journal of

Economics, 2001 (116).

[64] Chan L. M., Shaffer, Snape. In Research of Sustained Competitive Advantage: The Impact of Organizational Culture, Competitive Strategy and Human Resource Management Practices on Firm Performance. International Journal of Human Resource Management, 2004, 15 (1).

[65] Chesbrough. The Era of Open Innovation. MIT Sloan Management Review, 2003 (44).

[66] Choo. The Knowing Organization as Learning Organization. Education & Training, 2001 (43).

[67] Chourides, Longbottom, Murphy. Excellence in Knowledge Management: An Empirical Study to Identify Critical Factors and Performance Measures. Measuring Business Excellence, 2003 (7).

[68] Chowdhry, Bhagwan. Organization Capital and Intrafirm Communication. eScholarship Repository of University of California, 2003.

[69] Coff. Human Assets and Management Dilemmas: Coping with Hazards on the Road to Resource -based Theory. Academy of Management Review, 1997, 22 (2).

[70] Coleman. Social Capital in the Creation of Human Capital. American Journal of Sociology, 1988, 94 (S1).

[71] Crossan, Hulland. Measuring Organizational Learning. Boston (MA): Academy of Management, 1997.

[72] Davidow, Malone. The Virtual Corporation. New York: Harper, 1993.

[73] Delaney, Huselid M. A. The Impact of Human Resource Management Practices on Perceptions of Organisational Performance. Academy of Management Journal, 1996 (39).

[74] Delaney, Lewin, Ichniowski C. Human Resource Policies and Practices in American Firms. Washington, DC: Government Printing Office, 1989.

[75] Delaney, Lewin, Ichniowski. Human Resource Management Policies and Practices in American Firms. New York: Industrial Relations Research Centre, Graduate School of Columbia University, 1988.

[76] Denision, Mishra. Toward a Theory of Organizational Culture and Effectiveness. Organization Science, 1995, 6 (2).

[77] Deshpande, Farley. Organizational Culture, Market Orientation, Innovativeness and Firm Performance: An International Research Odyssey. Internal Journal of Research in Marketing, 2004 (21).

[78] Dess, Picken J. C.. Creating Competitive (Dis) Advantage: Learning from Food Lion's Freefall. Academy of Management Executive, 1999, 13 (3).

[79] Doolin. Narratives of Change: Discourse, Technology and Organization. Organization, 2003 (10).

[80] Dosi. Malerba. Interpreting Industrial Dynamics Twenty Years after Nelson and Winter's Evolutionary Theory of Economic Change: A Preface. Industrial and Corporate Change, 2002, 11 (1).

[81] Dunlop J. T., Weil D.. Diffusion and Performance of Human Resource Innovations in the U. S. Apparel Industry. Paper Presented at the "What Works at Work?" Conference, 1995.

[82] Durand. Predicting a Firm's Forecasting Ability: The Roles of Organizational Illusion of Control and Organizational Attention. Strategic Management Journal, 2003 (24).

[83] Edenius, Borgerson. To Manage Knowledge by Intranet. Journal of Knowledge Management, 2003 (7).

[84] Edvinson, Sullivan. Developing a Model for Management Intellectual Capital. European Management Journal, 1996 (4).

[85] Edvinsson, Malone. Intellectual Capital: Realizing Your Company's True Value by Finding its Hidden Brainpower. New York: Harper Business Press, 1997.

[86] Ekbia, Kling. Power in Knowledge Management in Late Modern Times. Academy of Management Best Conference Paper, 2003.

[87] Eriksen, Mikkelsen. Competitive Advantage and Core Competence. Foss and Knudsen, 1996.

[88] Evenson, Westphal. Technological Change and Technological Strategy. In: Behrman J, Srinivasan T. N., eds., Handbook of Development Economics. Amsterdam, North-Holland, 1995.

[89] Fairhurst, Putnum. Organizations as Discursive Constructions. Communication Theory, 2004 (14).

[90] Fred Weston, Kwang S., Chung et al. Mergers, Restructuring, and Corporate Control. New York: Prentice Hall Companies, 1996.

[91] Gibson, Vermeulen. A Healthy Divide: Subgroups as a Stimulus for Team Learning Behavior. Administrative Science Quarterly, 2003 (48).

[92] Gold, Malhotra, Segars. Knowledge Management: An Organizational Capabilities Perspective. Journal of Management Information Systems, 2001 (18).

[93] Gort M., Grabowski H., McGuckin R. Organization Capital and the Choice between Specialization and Diversification. Managerial and Decision Economics, 1985 (6).

[94] Grant. The Resource-based Theory of Competitive Advantage: Implications for Strategy Formulation. California Management Review, 1991, (33) 3.

[95] Hammer, Leonard, Davenport. Why don't We Know More about Knowledge. MIT Sloan Management Review, 2004 (45).

[96] Hansen, Wernerfelt B.. Determinants of Firm Performance: The Relative Importance of Ecomomic and Organizational Factors. Strategic Management Journal, 1989, 10 (5).

[97] Hansen. Knowledge Networks: Explaining Effective Knowledge Sharing

in Multiunit Companies. Organization Science, 2002 (13).

[98] Hansen. Virtual Teams That Work: Creating Conditions for Virtual Team Effectiveness. Personnel Psychology, 2004 (57).

[99] He Z. L., Wong P. K.. Exploration vs. Exploitation: An Empirical Test of the Ambidexterity Hypothesis. Organization Science, 2004 (15).

[100] Hermiz, Mason-Jones, Popp, Towill. Information Flow in Automotive Supply Chains—Identifying and Learning to Overcome Barriers to Change. Industrial Management and Data Systems, 2003 (103).

[101] Huber. Organizational Learning: The Contributing Processes and the Literatures. Organization Science, 1991, 2 (1).

[102] Hughes. Moving from Information Transfer to Knowledge Creation: A New Value Proposition for Technical Communicators. Technical Communication, 2002 (42).

[103] Huselid, Becker. Methodological Issues in Cross-sectional and Panel Estimates of the Human Resource-firm Performance Link. Industrial Relations, 1996, 35.

[104] Huselid. The Impact of Human Resource Management Practices on Turnover, Productivity, and Corporate Financial Performance. Academy of Management Journal, 1995, 38 (3).

[105] Ichniowski, Shaw, Prennushi. The Effects of Human Resource Management Practices on Productivity: A Study of Steel Finishing Lines. American Economic Review, 1997, 87 (3).

[106] Ichniowski. Human Resource Management Systems and the Performance of U. S. Manufacturing Businesses. National Bureau of Economic Research (Working Paper No. 3449), 1990.

[107] Ipe. Knowledge Sharing on Organizations: A Cnceptual Framework. Human Resource Development Review, 2003 (2).

[108] Jankowicz. Why does Subjectivity Make Us Nervous? Making the

Tacit Explicit. Journal of Intellectual Capital, 2001 (2).

[109] Janz, Prasarnphanich. Understanding the Antecedents of Effective Knowledge Management: The Importance of a Knowledge-centered Culture. Decision Sciences, 2003 (34).

[110] Jarrar, Zairi. Best Practice Transfer for Future Competitiveness: A Study of Best Practices. Total Quality Management, 2000 (11).

[111] Katz, Kochan, Keefe. Industrial Relations and Productivity in the US Automobile Industry. Washington, DC: Brookings Institute, 1987.

[112] Kelley. Productivity and Information Technology—The Elusive Connection. Management Science, 1994, 40 (11).

[113] Knight F. H.. Risk, Uncertainty and Profit. New York: Houghton Mifflin Co., 1921.

[114] Knight F. H.. The Economic Organization. New York: Augustus M. Kelly, 1967.

[115] Kotter, Heskett. Corporate Culture and Performance. New York: Free Press, 1992.

[116] Kraatz. Learning by Association? Inter—Organizational Networks and Adaptation to Environmental Change. Academy of Management Journal, 1998, 41 (6).

[117] Lawler, Mohrman. HR as a Strategic Partner: What does it Take to Make it Happen? HR. Human Resource Planning, 2003 (26).

[118] Lee C., Lee K., Pennings. Internal Capabilities, External Networks, and Performance: A Study on Technology-based Ventures. Management Journal, 2001 (22).

[119] Leonard, Swap. Deep Smarts. Harvard Business Review, 2004 (82).

[120] Lesser, Prusak. Preserving Knowledge in an Uncertain World. MIT Sloan Management Review, 2001 (43).

[121] Lev, Radhakrishnan. The Valuation of Organization Capital. In: Corrado, Haltiwanger, Sichel, eds., Measuring Capital in a New Economy, National Bureau of Economic Research and University of Chicago Press, 2005.

[122] Levine. Reinventing the Workplace: How Businesses and Employees Can Both Win. Washington DC: Brookings Institution, 1995.

[123] Lewin. Field Theory in Social Science. New York: Harper, 1951.

[124] Liebowitz. Key Ingredients to the Success of an Organization's Knowledge Management Strategy. Knowledge and Process Management, 1999 (6).

[125] Madsen, Mosakowski, Zaheer. Knowledge Retention and Personnel Mobility: The Nondisruptive Effects of Inflows of Experience. Organization Science, 2003 (14).

[126] Makadok. Toward a Synthesis of the Resource-based and Dynamic-Capability Views of Rent Creation. Strategic Management Journal, 2001, 22 (5).

[127] March, Simon. Organizations. New York: John Wiley, 1958.

[128] Marsick, Watkins. Demonstrating the Value of an Organization's Learning Culture: The Dimensions of the Learning Organization Questionnaire. Advances in Developing Human Resources, 2003 (5).

[129] Massey, Montoya-Weiss, O'Driscoll. Knowledge Management in Pursuit of Performance: Insights from Nortel Networks. MIS Quarterly, 2002 (26).

[130] Mathieson, Peacock, Chin. Extending the Technology Acceptance Model: The Influence of Perceived User Resources. The Data Base for Advances in Information Systems, 2002 (32).

[131] Mattacks. High Quality Leadership: A Practical Guide to Becoming a More Effective Manager. Leadership and Organization Development Journal, 2001 (22).

[132] Meade, Islam. Technological Forecasting—Model Selection, Model Stability, and Combining Models. Management Science, 1998, 44 (8).

[133] Mylonopoulos, Tsoukas. Technological and Organizational Issues in Knowledge Management. Knowledge and Process Management, 2003 (10).

[134] Nahm, Vonderembse, Koufteros. The Impact of Organizational Culture on Time-based Manufacturing and Performance. Decision Sciences, 2004, 35 (4).

[135] Nambisan, Agarwal, Tanniru. Organizational Mechanisms for Enhancing User Innovation in Information Technology. MIS Quarterly, 1999 (23).

[136] Nambisan, Wang. Roadblocks to Web Technology Adoption? Association for Computing Machinery. Communications of the ACM, 1999 (42).

[137] Neef. Making the Case for Knowledge Management: the Bigger Picture. Management Decision, 1999 (37).

[138] Nelson, Todd, Wixom. Antecedents of Information and System Quality: An Empirical Examination Within the Context of Data Warehousing. Journal of Management Information Systems, 2005 (21).

[139] Nelson, Winter. An Evolutionary Theory of Economic Change. London: The Belknap Press of Harvard University, 1982.

[140] Nielsen. The Role of Knowledge Embeddedness in the Creation of Synergies in Strategic Alliances. Journal of Business Research, 2005 (58).

[141] Nkomo. Human Resource Planning and Organizational Performance: an Exploratory Analysis. Strategic Management Journal, 1987 (8).

[142] Nkomo. The Theory and Practice of HR Planning: the Gap Still Remains. Personnel Administrator, 1986.

[143] Nonaka, Takeuchi. The Knowledge-Creating Company: How Japanese Create the Dynamics of Innovation. Oxford: Oxford University Press, 1995.

[144] Nonaka. The Knowledge-Creating Company. Harvard Business Review,

1991 (11-12).

[145] Osterman. Choice of Employment Systems in Internal Labour Markets. Industrial Relations, 1987, 26 (1).

[146] Parker. Choosing among Diffusion Models: Some Empirical Evidence. Marketing Letter, 1993, 4 (1).

[147] Penrose. The theory of Growth of the Firm. Wiley: New York, 1959.

[148] Peters, Waterman R.. In Search of Excellence. New York: Harper & Row, 1982.

[149] Porter. The Competitive Advantage of Nations. New York: The Free Press, 1990.

[150] Prahalad C. K., Hamel G.. The Core Competence of the Corporation. Harvard Business Review, 1990 (6).

[151] Prescott, Visscher. Organizational Capital. Journal of Political Economy, 1980 (88).

[152] Rosen, Sherwin. Substitution and Division of Labour. Economica, 1978 (45).

[153] Rosen. Learning by Experience as Joint Production. Quarterly Journal of Economics, 1972 (8).

[154] Rumelt. Diversification Strategy and Profitability. Strategic Management Journal, 1982 (3).

[155] Rumelt. Towards a Strategic Theory of the Firm. In: R. Lamb ed. Competitive Strategic Management (556-570). Englewood Cliffs: Prentice-Hall, 1984.

[156] Russell, Terborg, Powers. Organisational Performance and Organisational Level Training and Support. Personnel Psychology, 1985 (38).

[157] Rylatt. Measuring Know-how: the First Step in Knowledge Management is Determining What Constitutes Knowledge. American Society for Training & Development, Inc., 2003 (57).

[158] Sabherwal, Becerra-Fernande. Integrating Specific Knowledge: Insights from the Kennedy. Space Center. IEEE Transactions on Engineering Management, 2005 (52).

[159] Sabherwal, Becerra-Fernandez. An Empirical Study of the Effect of Knowledge Management Processes at Individual, Group, and Organizational Levels. Decision Sciences, 2003 (34).

[160] Sarin, McDermott. The Effect of Team Leader Characteristics on Learning, Knowledge Application, and Performance of Cross-functional New Product Development Teams. Decision Sciences, 2003 (34).

[161] Sawhney, Prandelli. Communities of Creation: Managing Distributed Innovation in Turbulent Markets. California Management Review, 2000 (42).

[162] Schein. Coming to a New Awareness of Organizational Culture. Sloan Management Review, 1984, 25 (2).

[163] Stein, Zwass. Actualizing Organization Memory with Information Systems. Information Systems Research, 1995 (6).

[164] Stenmark. Leveraging Tacit Organization Knowledge. Journal of Management Information Systems, 2000 (17).

[165] Stewart. Intellectual Capital: The New Wealth of Organizations. New York: Doubleday Currency, 1997.

[166] Stollberg, Zhdanova, Fensel. H-Techsight—A Next Generation Knowledge Management. Journal of Information & Knowledge Management, 2004 (3).

[167] Sveiby. The New Organizational Wealth. San Francisco: Berrett Koehler, 1997.

[168] Teng, Grover, Güttler. Information Technology Innovations: General Diffusion Patterns and its Relationships to Innovation Characteristics. IEEE Transactions on Engineering Management, 2002, 49 (1).

[169] Thackaberry. "Discursive Opening" and Closing in Organizational

Selfstudy: Culture as Trap and Tool in Wildland Firefighting Safety. Management Communication Quarterly, 2004 (17).

[170] Tiwana, McLean. Expertise Integration and Creativity in Information Systems Development. Journal of Management Information Systems, 2005 (22).

[171] Tomer. Organizational Capital: The Path to Higher Productivity and Well-being. New York: Praeger Publishing Co., 1987.

[172] Toshiyuki. Stochastic Frontier Production Analysis: Measure Performance of Public Telecommunications in 24 OECD Countries. European Journal of Operational Research, 1994 (4).

[173] Truran. How Organizational Learning Influences Organizational Success. Dissertation of PH. D. of Steven Institute of Technology, 2001.

[174] Tsoukas, Chia. On Organizational Becoming: Rethinking Organizational Change. Organization Science, 2002 (13).

[175] Tuomi. Data is More than Knowledge: Implications of the Reversed Knowledge Hierarchy for Knowledge Management and Organizational Memory. Journal of Management Information Systems, 2000 (16).

[176] Ulrich, Geller, DeSouza. A Strategy, Structure, Human Resource Database: OASIS. Human Resource Management, 1984 (23).

[177] Van de Ven, Poole. Alternative Approaches for Studying Organizational Change. Organizational Studies, 2005 (26).

[178] Wagner. Participation's Effect on Performance and Satisfaction: A Reconsideration of Research Eevidence. Academy of Management Review, 1994 (19).

[179] Wemerfelt. A Rational Reconstruction of the Compromise Effect. Journal of Consumer Research, 1995, 21 (3).

[180] Wemerfelt. A Resource-based View of the Firm. Strategic Management Journal, 1984 (5).

[181] Wijnhoven. Operation Knowledge Management: Identification of

Knowledge Objects, Operation Methods, and Goals and Means for the Support Function. The Journal of the Operational Research Society, 2003 (54).

[182] Williams. Managing an on-line Community. The Journal for Quality and Participation, 1999 (22).

[183] Yahya, Goh. Managing Human Resources Toward Achieving Knowledge Management. Journal of Knowledge Management, 2002 (6).

[184] Yeung A, Ulrich D. Effective Human Resource Practices for Competitive Advantages: An Empirical Assessment of Organizations in Transition. In: Richard J. Niehaus and Karl F. Price. Human Resource Strategies for Organizations in Transition. New York: Plenum Publishing Company, 1990.

[185] Yolles. Organisations, Complexity, and Viable Knowledge Management. Kybernetes, 2000 (29).

[186] Young. Are Communication Technologies. Facilities, 1995 (13).

[187] Zack. Managing Codified Knowledge. Sloan Management Review, 1999 (40).

[188] Zack. Rethinking the Knowledge-based Organization. MIT Sloan Management Review, 2003 (44).

[189] Zarraga, Garcia-Falcon. Factors Favoring Knowledge Management in Work Teams. Journal of Knowledge Management, 2003 (7).

[190] Zhou, Fink. The Intellectual Capital Web: A Systematic Linking of Intellectual Capital and Knowledge Management. Journal of Intellectual Capital, 2003 (4).

后 记

本书是在我的博士学位论文的基础上修改而成的。呈现在读者面前的这本书算是对我博士求学生涯的一个总结，同时也意味着我人生的一个新的起点。光阴荏苒，攻读博士学位的上千个日子匆匆飞逝，回首求学之路，不禁潸然泪下。我永远难以忘怀那些"痛并快乐"的日日夜夜，难忘柳暗花明豁然开朗的喜悦，更难忘恩师和这几年来一直给予我帮助和支持的同事、同学和朋友。他们在学术领域和生活中的知识和经验，给予我诸多启迪与裨益，也将成为我生命中弥足珍贵的财富。

本书从选题立意、谋篇布局到定稿成书，无不凝结着恩师原毅军教授的大量心血，在此表达我最诚挚的谢意。殷殷师恩，终生难忘！

感谢大连理工大学经济系的老师们给予我的指导和帮助。特别要感谢侯铁珊教授、刘凤朝教授、逯宇铎教授，他们不但传道、授业、解惑，还对本书的写作或提出真知灼见，或给予热情鼓励。感谢我的同门师姐及师兄：任曙明、陈艳莹、丁永健、张国锋、孙晓华、董琨给予我的无私帮助，与他们的学习交流，使我受益匪浅。郭新燕、逯笑薇、施定国、孙玉涛、武佩剑、王霄、杨智伟等是我三年博士生活的诤友，大家相互学习、相互勉励，一起度过了许多的难忘时光。

感谢我的硕士导师刘斌教授，是刘老师带领我走进了管理学的殿堂，至今仍时刻关心着我的成长。感谢师母苗伟力一直以来在生活上对我的关心与照顾。

感谢父母和家人对我的鼓励与支持。父母数十年含辛茹苦的付出，让我有机会追求自己的理想。爱人陪我一同体会读书期间的酸甜苦辣，在身后给予我支持、感动、理解和帮助。女儿惠媛的聪明灵秀给我的生活带来了莫大的欣慰与欢乐。为了自己及家人的幸福，我将以精诚的态度继续前行！

在本书即将出版之际，我还要特别感谢山东大学（威海）商学院的领导和同事在工作上给予我的热情关心和帮助。张东辉教授、梁文玲教授、罗润东教授、白锐锋教授、吕爱权教授、刘永仁教授的指点和帮助不但使我在工作中受益匪浅，而且他们分析问题高屋建瓴的视角和独到的见解更使我在本书的修改过程中深受启迪。王锡秋、刘文、张永成、王春平、李元勋、刘沛、范其学、鞠传宝、车路刚、李丹等同事在工作中给予我许多无私的帮助，在此表示衷心的感谢。

本书的出版得到经济管理出版社的热情支持，对他们的辛勤劳动和编辑过程中提出的宝贵建议表示特别的谢意。

本书所讨论的企业组织资本管理在国内的研究还处于起步阶段，本书的研究是一种尝试，同时由于时间和能力所限，书中可能存在一些纰漏和不当之处，恳请读者和专家们批评指正。

刘　超
2012 年 3 月 21 日